부활은 팩트다

부활은 **팩트**다

지은이 이용원

1판 1쇄 인쇄   2018년 3월 1일
1판 1쇄 발행   2018년 3월 8일

펴낸곳 홍 림
펴낸이 김은주
등록   제 312-2007-000044호.17
주소   서울특별시 서대문구 거북골로14길 60
전자우편   hongrimpub@gmail.com
전화   070-4063-2617
팩스   070-7569-2617

값은 표지에 있습니다.
ISBN 978-89-6934-015-3 (03230)

부활은 팩트다

이용원 지음

홍림

●●●

기독교에서는 소중하게 여기는 날들이 여럿 있다. 그 대표적인 날이 성탄절과 부활절이다. 성탄절은 성자 하나님이 인간을 구원하시기 위하여 인간의 몸을 입으시고 이 세상에 들어오신 것을 기리는 날이요, 부활절은 그가 십자가에 달리셔서 죽으심으로 인류 구원이라는 대업을 이루시고 다시 살아나심으로써 죄와 사망의 권세로부터의 승리를 선언하신 일을 기념하는 날이다. 그 중 어느 날이 더 귀하고 큰 날이냐고 묻는 것은 어리석은 일이 될 것이다.

다른 한 편 기독교의 중심에는 십자가와 부활이 있다. 십자가와 부활이 없이는 기독교를 이야기할 수 없는 것이다. 또 십자가 없이 부활이 있을 수 없고 부활이 없는 십자가는 무의미하다. 따라서 우리는 십자가와 부활을 함께 연결하여 이해할 필요가 있다. 그리고 십자가는 예수의 수난 사건의 정점이요 중심을 차지한다. 또 수난 사건은 예수의 생애에서 가장 중요했던 일이었다. 예수의 수난 이야기를 우리에게 전해주는 것은 신약성서의 복음서들이다. 그리고 수난 사건이 일어났던 예수의 생애 가운데 마지막 일주일간의 이야기는 복음서에서 그만큼 중요하게 다루어지고 있다. 분량으로 보더라도 전체의 삼분지 일 이상이 이 한 주간의 일들을 다루고 있는 것이다. 성자 하나님이 인간을 구원해주시려고 사람의 모습으로 오신 이야기를 마가복음에서는 아예 언급을 하지 않고 요한복음에서는 추상화시켜 우리에게 전해주는 것과는 완벽한 대조를 이룬다고 할 수 있을 것이다.

수난passion이라는 말은 라틴어 passio고난: suffering에서 온 말이다. 그리고 예수 그리스도의 수난은 그의 생애의 마지막 주간 그가 예루살렘으로 들어가신 때로부터 또는 목요일 저녁에 가진 다락방 만찬^{최후의 만찬}을 마친 후로부터 그 다음 날인 금요일 오후 그가 십자가에 달려 돌아가신 때까지 그를 중심으로 일어난 일들을 가리킨다. 멜 깁슨^{Mel Gibson}이 만든 영화 그리스도의 수난^{The Passion of Christ}은 그의 생애의 마지막 12시간에 그 초점을 맞추고 있다. 그리고 부활이라는 말은 희랍어 anastasis^{일어나는 것: rising up}에서 온 말로 죽은 사람이 살아나는 것을 의미한다. 그리고 우리는 그 말을 잠시 숨이 멈추었다가 회생하는 것이 아니라 죽음으로부터 영원한 삶으로 다시 살아나는 것을 의미하고, 역사상 오직 예수 그리스도만 그런 부활을 하셨고 마지막 날에는 모든 사람이 부활하게 되리라고 믿고 있다.

CONTENTS

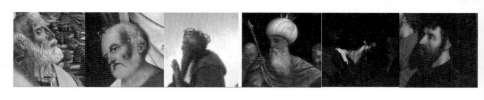

01
구약 기자들이 전하는 수난과 부활

예수의 수난 사건을 상징적으로 보여주는 다양한 이야기들

수난과 부활 사건은 하나님의 아들 성자 하나님이 인간의 구원을 위해서 사람의 모습으로 인간 세계에 오신 후 그가 보낸 이 세상에서 마지막 일주일 동안에 이루어진 일이다. 그것은 창세기로부터 선지자들의 글에 이르기까지 두루 나타나 있다. 따라서 신약의 다른 기록들과 마찬가지로 수난 사건도 구약에 비추어서 살펴보는 것이 그 순서라 할 수 있을 것이다.

첫 번째 수난 예고는 '여자의 후손'에 대한 선언

　예수의 수난 사건은 하나님의 인류 구속을 위한 계획과 섭리 가운데 일어난 사건이었다. 따라서 구약에서 우리는 이미 예수의 수난 사건을 상징적으로 또는 직접적으로 보여주는 다양한 이야기들과 표현들을 만난다. 하와를 유혹하여 범죄를 하게 한 뱀에게 하나님께서 하신 선언은 비록 뱀에게 내린 형벌과 더불어 준 말씀이지만 인류 구원을 약속하신 하나님의 언약으로 이미 잘 알려져 있다. 여자의 후손^{예수}이 뱀의 후손^{사탄}에게 치명적인 타격을 주어^{머리를 상하게 함}승리하는 싸움이지만 뱀의 후손도 여자의 후손을 괴롭힌다^{발꿈치를 상하게 함}는 것은 예수가 당할 수난을 예고해 주고 있다.

　그 다음으로 아브라함이 이삭을 제물로 바치는 이야기^{창 22: 1-19}에 비치는 수난 사건을 볼 수 있다. 이 이야기는 하나님께서 아브라함을 시험하신 이야기이다. 아브라함은 백 세가 되어 얻은 사랑하는 아들을 하나님께 주저하지 않고 바치려고 했다. 이것은 인류 구원을 위해 그의 독생자를 아낌없이 내어주신 하나님의 사랑을 상징적으로 보여준다. 희생의 제물로 바쳐지는 이삭 대신 하나님은 미리 숫양을 준비해 주셔서 대신 드려지는 제물이 되게 하셨다. 인류의 죄를 대신 지고 희생의 제물이 된 예수의 죽음을 상징적으로 보여준 사건이다.

창세기에서 보는 마지막 이야기는 형들에게 미움을 받은 요셉이 은 20의 값에 애굽의 종으로 팔려간 이야기이다. 가장 믿고 도와주어야 할 형들유다가 그 대표였다의 배신으로 이국 땅에서 종살이를 해야 했던 요셉은, 사랑하는 제자유다의 배신으로 은 30에 넘겨져 수난의 길을 걸었던 예수의 수난 사건을 모형으로 한다.

유월절 어린양을 잡아 그 피를 문 안방과 문설주에 바른 이야기

주님께서 이집트 땅에서 모세와 아론에게 말씀하셨다. "너희는 이 달을 한 해의 첫째 달로 삼아서, 한 해를 시작하는 달로 하여라. 온 이스라엘 회중에게 알리어라. 이 달 열흘날 각 가문에 어린 양 한 마리씩 곧 한 가족에 한 마리씩 어린 양을 마련하도록 하여라. 한 가족의 식구 수가 너무 적어서, 양 한 마리를 다 먹을 수 없으면, 한 사람이 먹을 분량을 계산하여, 가까운 이웃에서 그만큼 사람을 더 불러다가 함께 먹도록 하여라. 너희가 마련할 짐승은 흠이 없는 일 년 된 수컷으로 하되, 양이나 염소 가운데서 골라라. 너희는 그것을 이 달 열나흗날까지 두었다가, 해 질 무렵에 모든 이스라엘 회중이 모여서 잡도록 하여라. 그리고 그 피는 받아다가, 잡은 양을 먹을 집의 좌우 문설주와 상인방에 발라야 한다. 그 날 밤에 그 고기를 먹어야 하는데, 고기는 불에 구워서, 누룩을 넣지 않은 빵과 쓴 나물을 곁들여 함께 먹어야 한다. 너희는 고기를 결코 날로 먹거나 물에 삶아서 먹어서는 안 된다. 머리와 다리와 내장 할 것 없이, 모두 불에 구워서 먹어야 한다. 그리고 너희는 그 어느 것도 다음날 아침까지 남겨 두어서는 안 된다. 아침까지 남은 것이 있으면, 불에 태워 버려야 한다. 너희가 그것을 먹을 때에는 이렇게 하여라. 허리에 띠를 띠고, 발에 신을 신고, 손에 지팡이를 들고, 서둘러서 먹어라. 유월절은 주 앞에서 이렇게 지켜야 한다. 그 날 밤에 내가 이집트 땅을 지나가면서, 사람이든지 짐승이든지, 이집트 땅에 있는 처음 난 것을 모두 치겠다. 그리고 이집트의 모든 신을 벌하겠다. 나는 주다. 문틀에 피를 발랐으면, 그것은 너희가 살고 있는 집의 표적이니, 내가 이집트 땅을 칠 때에, 문설주에 피를 바른 집은, 그 피를 보고 내가 너희를 치지 않고 넘어갈 터이니, 너희는 재앙을 피하여 살아 남을 것이다. 이 날은 너희가 기념해야 할 날이니, 너희는 이 날을 주 앞에서 지키는 절기로 삼아서 영원한 규례로 대대로 지켜야 한다." (출 12:1-14 새번역)

광야 한가운데 장대 위에 높이 매달린 놋뱀은
골고다 언덕 위에서 십자가에 높이 달린 예수
를 상징적으로 보여준다.
'불뱀'에 물려 죽어가는 사람은 누구나 그 '놋
뱀'을 쳐다보는 것으로 구원을 받았다.

출애굽기에서는 유월절 어린 양을 잡아 그 피를 문 안방과 문설주에 바른 이야기를 먼저 생각해볼 수 있다. 물론 그 의식은 맏아들을 죽이는 천사가 그 집을 넘어가게 하는 표식이었다. 어린 양이 죽어 피를 흘림으로써 그 집 사람들의 생명을 구원해 준 것만은 확실하다. 그리고 이것은 요한복음에서 요한이 세상 죄를 지고 가는^{치워버리는} 하나님의 어린 양으로 예수를 표현한 것과 연결이 된다. 예수가 당한 수난과 십자가가 인류 구원을 위해 하나님의 어린 양이 지고 간 길이었다는 것이다.

죄로 멸망할 수밖에 없는 사람 누구나 예수를 자신의 구주로 믿고 영접함으로써 영생을 얻는다. 이를 뒷받침하는 수난의 모형이 출애굽기에 나온다. 출애굽 과정에서 이스라엘이 겪은 다른 하나의 상징적 체험이다. 이스라엘이 광야에서 하나님을 원망하다가 불뱀^{사막 독사}에 물려 죽어갈 때에 모세가 하나님의 명에 따라 놋뱀을 만들어 장대에 매달고 그것을 쳐다본 사람은 모두 살아난 일이다.^{민 21: 4-9} 광야 한가운데 장대 위에 높이 매달린 놋뱀은 골고다 언덕 위에서 십자가에 높이 달린 예수를 상징적으로 보여준다. '불뱀'에 물려 죽어가는 사람은 누구나 그 '놋뱀'을 쳐다보는 것으로 구원을 받았다.

구약의 대표적인 인물 중 한 명인 다윗의 생애에서도 수난의 모형이 될 수 있는 기록이 나온다. 다윗의 가장 뛰어난 아들 중의 하나였던 압살롬이 부왕 생전에 왕위를 찬탈하려고 반역을 했을 때였다. 다윗의 측근 참모였던 아히도벨이 왕을 배신하여 반역의 대열에 합류했다. 그는 성사를 시키지는 못했지만 다윗을 죽일 수 있는 계책을 내놓았다. 그러나 자기의 계책이 실패하자 자기 집에 돌아가 스스로 목을 매고 죽었다.^{삼하 15: 13-37} 사랑하던 제자 가룟 유다가 스승을 배반하여 예수를 죽이려는 무리에게 계책을 내놓은 것, 그가 나중에 스스로 목메어 죽은 것까지 모두 대비를 이루는 기사다.

선지자들이 예견해 기록한 수난 기사

선지자들의 글에서도 수난 이야기를 예견하는 글들이 다양하게 나온다. 그 대표적인 것이 이사야서에 등장하는 글들이다. 이사야서에서 고난의 종 suffering servant 을 보여주는 본문은 네 군데에 42: 1-4; 49: 1-7; 50: 4-11; 52: 13-53: 12 이른다. 그러나 역시 가장 중요한 본문은 53장의 1절부터 12절까지의 말씀이다. 이 기사는 예수의 수난을 생생하게 예언해주고 있다. 그가 인간의 허물과 죄 때문에 고난을 당하는 것이며, 수욕과 고통을 묵묵히 참고 견디는 모습도 여실히 보여준다.

다른 예언서들이 수난에 대한 표현을 조금 간접적이거나 우회적으로 하는 데에 비해 스가랴서는 좀 더 직접적인 예언들을 나열한다. 9-14장 예수가 그의 수난을 위하여 마지막으로 예루살렘에 입성할 때 나귀 새끼를 타고 들어온 것. 마 21: 1-11; 막 11: 1-11; 눅 19: 28-38; 요 12: 12-16 이 기사들은 스가랴서에서 예언한 내용 9: 9의 성취를 보여주고 있다. 최후의 만찬 후 제자들과 함께 감람산으로 가면서 "너희가 다 나를 버리리라. 기록된 바 내가 목자를 치리니 양의 떼가 흩어지리라" 마 26: 31; 막 14: 27고 한 발언은 스가랴서의 기록 13: 7을 그대로 인용한 말씀이다.

목자의 품삯으로 은 30을 정해, 그것을 토기장이에게 던지라는 말씀 11: 12-13은 유다가 예수를 넘겨주고 받은 은 30과 나중에 그 돈으로 토기장이의 밭을 사서 나그네의 묘지로 삼은 일 마 27: 3-10의 문자 그대로의 예언이었다. "그들이 그 찌른 바 그를 바라보고 그를 위하여 애통하기를 독자를 위하여 애통하듯 하며 그를 위하여 통곡하기를 장자를 위하여 통곡하듯 하리로다" 슥 12: 10는 말씀은 십자가에 달린 그의 옆구리를 병사가 창으로 찌른 일 요 19: 34, 37과 그런 광경을 보면서 통곡하던 사람들 눅 23: 26-28 기록에서 그대로 이루어졌다.

시편의 수난 예고, 22편이 대표적

시편 가운데서 수난을 예고하는 기록은 곳곳에 흩어져 전해오지만 가장 두드러진 내용은 22편의 말씀이다. 이 시편은 크게 두 부분으로 되어 있다. 앞부분은 하나님을 향해 도움을 요청하는 탄식과 탄원의 시 1-21고, 뒷부분은 그 곤경에서 벗어나는 것에 대한 감사와 찬송의 시 22-31이다. 1절은 십자가에

선지자들이 예견해 기록한 수난 기사

대표적인 것이 이사야서에 나오는 글들 … 스가랴서는 좀 더 직접적인 예언들을 나열
예언서의 기록은 신약에 와서 그대로 성취

일어나라 빛을 발하라 이는 네 빛이 이르렀고 여호와의 영광이 네 위에 임하였음이니라 보라 어둠이 땅을 덮을 것이며 캄캄함이 만민을 가리려니와 오직 여호와께서 네 위에 임하실 것이며 그의 영광이 네 위에 나타나리니 나라들은 네 빛으로, 왕들은 비치는 네 광명으로 나아오리라 네 눈을 들어 사방을 보라 무리가 다 모여 네게로 오느니라 네 아들들은 먼 곳에서 오겠고 네 딸들은 안기어 올 것이라 그 때에 네가 보고 기쁜 빛을 내며 네 마음이 놀라고 또 화창하리니 이는 바다의 부가 네게로 돌아오며 이방 나라들의 재물이 네게로 옴이라 허다한 낙타, 미디안과 에바의 어린 낙타가 네 가운데에 가득할 것이며 스바 사람들은 다 금과 유향을 가지고 와서 여호와의 찬송을 전파할 것이며 게달의 양 무리는 다 네게로 모일 것이요 느바욧의 숫양은 네게 공급되고 내 제단에 올라 기꺼이 받음이 되리니 내가 내 영광의 집을 영화롭게 하리라 저 구름 같이, 비둘기들이 그 보금자리로 날아가는 것 같이 날아오는 자들이 누구냐 곧 섬들이 나를 앙망하고 다시스의 배들이 먼저 이르되 먼 곳에서 네 자손과 그들의 은금을 아울러 싣고 와서 네 하나님 여호와의 이름에 드리려 하며 이스라엘의 거룩한 이에게 드리려 하는 자들이라 이는 내가 너를 영화롭게 하였음이라 내가 노하여 너를 쳤으나 이제는 나의 은혜로 너를 불쌍히 여겼은즉 이방인들이 네 성벽을 쌓을 것이요 그들의 왕들이 너를 섬길 것이며 네 성문이 항상 열려 주야로 닫히지 아니하리니 이는 사람들이 네게로 이방 나라들의 재물을 가져오며 그들의 왕들을 포로로 이끌어 옴이라 너를 섬기지 아니하는 백성과 나라는 파멸하리니 그 백성들은 반드시 진멸되리라 (이사야 53: 1-12)

만군의 여호와가 말하노라 칼아 깨어서 내 목자, 내 짝 된 자를 치라 목자를 치면 양이 흩어지려니와 작은 자들 위에는 내가 내 손을 드리우리라.(스가랴13: 7)

내가 그들에게 이르되 너희가 좋게 여기거든 내 품삯을 내게 주고 그렇지 아니하거든 그만두라 그들이 곧 은 삼십 개를 달아서 내 품삯을 삼은지라 여호와께서 내게 이르시되 그들이 나를 헤아린 바 그 삯을 토기장이에게 던지라 하시기로 내가 곧 그 은 삼십 개를 여호와의 전에서 토기장이에게 던지고.(스가랴11: 12-13)

그들이 예수를 끌고 갈 때에 시몬이라는 구레네 사람이 시골에서 오는 것을 붙들어 그에게 십자가를 지워 예수를 따르게 하더라 또 백성과 및 그를 위하여 가슴을 치며 슬피 우는 여자의 큰 무리가 따라오는지라 예수께서 돌이켜 그들을 향하여 이르시되 예루살렘의 딸들아 나를 위하여 울지 말고 너희와 너희 자녀를 위하여 울라.(눅23: 26-28)

달린 예수가 부르짖었던 "엘리 엘리 라마 사박다니" 곧 "나의 하나님, 나의 하나님, 어찌하여 나를 버리셨나이까?"마 27: 46; 막 15: 34에서 고난당하는 메시아를 생생하게 보여주는 말씀이다. 그러나 하나님은 그를 완전히 버린 것이 아니다. 고난당하는 메시아를 악의 세력으로부터 건져내 구원하신다.20-21 2절의 말씀은 예수가 십자가에 달렸을 때 "제 6시로부터 온 땅에 어둠이 임하여 제 9시까지 계속된" 일마 27: 45-46; 막 15: 33-34; 눅 23: 44-46을 암시하고 있다. 6-8절 말씀은 십자가에 달린 예수를 향해 퍼부어지던 모욕과 비방마 27: 39, 44; 막 15: 29-32; 눅 23: 35-36, 39을 그대로 보여준다. 15절 말씀은 "내가 목마르다"고 부르짖은 데서 그대로 이루어졌고,요 19: 28 16절 말씀은 그와 함께 십자가에 달린 강도들을 생각하게 하며 또 그의 손과 발에 난 못 자국요 20: 25, 27을 상기시켜준다. 18절 말씀은 그를 십자가에 못 박은 군인들을 통해 그대로 이루어졌고요 19: 23-24, 24절 말씀은 성소 휘장이 찢어진 데서 이루어졌다고 할 수 있다.마 27: 50-53; 막 15: 37-38 그리고 27절 말씀은 십자가 사건을 지휘하던 이방인 백부장의 입에서 나온 고백, 곧 "이 사람은 진실로 하나님의 아들의인이었도다"는 고백마 27: 54; 막 15: 39; 눅 23: 47으로 확증되었다. 결국 시편 22편은 메시아의 수난을 예고하는 시편이기보다 '예수의 십자가 사건'을 예언적으로 보여준 기록이라고 할 수 있다.

1내 하나님이여 내 하나님이여 어찌 나를 버리셨나이까 어찌 나를 멀리 하여 돕지 아니하시오며 내 신음 소리를 듣지 아니하시나이까 2내 하나님이여 내가 낮에도 부르짖고 밤에도 잠잠하지 아니하오나 응답하지 아니하시나이다 3이스라엘의 찬송 중에 계시는 주여 주는 거룩하시니이다 4우리 조상들이 주께 의뢰하고 의뢰하였으므로 그들을 건지셨나이다 5그들이 주께 부르짖어 구원을 얻고 주께 의뢰하여 수치를 당하지 아니하였나이다 6나는 벌레요 사람이 아니라 사람의 비방 거리요 백성의 조롱 거리니이다 7나를 보는 자는 다 나를 비웃으며 입술을 비쭉거리고 머리를 흔들며 말하되 8그가 여호와께 의탁하니 구원하실 걸, 그를 기뻐하시니 건지실 걸 하나이다 9오직 주께서 나를 모태에서 나오게 하시고 내 어머니의 젖을 먹을 때에 의지하게 하셨나이다 10내가 날 때부터 주께 맡긴 바 되었고 모태에서 나올 때부터 주는 나의 하나님이 되셨나이다 11나를 멀리 하지 마옵소서 환난이 가까우나 도울 자 없나이다 12많은 황소가 나를 에워싸며 바산의 힘센 소들이 나를 둘러쌌으며 13내게 그 입을 벌림

이 찢으며 부르짖는 사자 같으니이다 14나는 물 같이 쏟아졌으며 내 모든 뼈는 어그러졌으며 내 마음은 밀랍 같아서 내 속에서 녹았으며 15내 힘이 말라 질그릇 조각 같고 내 혀가 입천장에 붙었나이다 주께서 또 나를 죽음의 진토 속에 두셨나이다 16개들이 나를 에워쌌으며 악한 무리가 나를 둘러 내 수족을 찔렀나이다 17내가 내 모든 뼈를 셀 수 있나이다 그들이 나를 주목하여 보고 18내 겉옷을 나누며 속옷을 제비 뽑나이다 19여호와여 멀리 하지 마옵소서 나의 힘이시여 속히 나를 도우소서 20내 생명을 칼에서 건지시며 내 유일한 것을 개의 세력에서 구하소서 21나를 사자의 입에서 구하소서 주께서 내게 응답하시고 들소의 뿔에서 구원하셨나이다 22내가 주의 이름을 형제에게 선포하고 회중 가운데에서 주를 찬송하리이다 23여호와를 두려워하는 너희여 그를 찬송할지어다 야곱의 모든 자손이여 그에게 영광을 돌릴지어다 너희 이스라엘 모든 자손이여 그를 경외할지어다 24그는 곤고한 자의 곤고를 멸시하거나 싫어하지 아니하시며 그의 얼굴을 그에게서 숨기지 아니하시고 그가 울부짖을 때에 들으셨도다 25큰 회중 가운데에서 나의 찬송은 주께로부터 온 것이니 주를 경외하는 자 앞에서 나의 서원을 갚으리이다 26겸손한 자는 먹고 배부를 것이며 여호와를 찾는 자는 그를 찬송할 것이라 너희 마음은 영원히 살지어다 27땅의 모든 끝이 여호와를 기억하고 돌아오며 모든 나라의 모든 족속이 주의 앞에 예배하리니 28나라는 여호와의 것이요 여호와는 모든 나라의 주재심이로다 29세상의 모든 풍성한 자가 먹고 경배할 것이요 진토 속으로 내려가는 자 곧 자기 영혼을 살리지 못할 자도 다 그 앞에 절하리로다 30후손이 그를 섬길 것이요 대대에 주를 전할 것이며 31와서 그의 공의를 태어날 백성에게 전함이여 주께서 이를 행하셨다 할 것이로다 (시편22: 1-31).

이 외에도 시편에는 예수의 수난과 십자가를 암시하는 많은 기록이 있다. 여기서는 그 중에서 두어 가지 예만을 맛보기로 제시하려 한다. 먼저 34장 21절의 '그 뼈가 하나도 꺾이지 않는다'는 구절은 수난과 십자가 사건에서 그대로 성취되었다.요 19: 36 숱한 상해와 매질이 가해졌지만 뼈는 조금도 손상되지 않았던 것이다. 38장 11절의 "내가 사랑하는 자와 내 친구들이 내 상처를 멀리하고 내 친척들도 멀리 섰나이다"는 말씀은 십자가에 달려 죽음을 맞는 예수의 모습을 멀리서 바라보며 그를 따르던 많은 여자들마 27: 55; 막 15: 40-41을 연상하게 한다. 41장 9절의 "내가 신뢰하여 내 떡을 나눠 먹던 나의 가까운 친구도 나를 대적하여 그의 발꿈치를 들었나이다."는 최후의 만찬 자리를 떠났던 가룟 유다요 13: 18, 30를 연상시켜주는 대목이다. 또 69장 21절의 "그들이 쓸개를 나의 음식물로 주며 목마를 때에는 초를 마시게 하였사오니"는 십자가에 달린 예수에게 그대로 이루어졌다.마 27: 34; 막 15: 23, 36;눅 23: 36; 요 19: 29-30 이처럼 시편에는 예수의 수난과 십자가를 예언하는 말씀이 곳곳에 다양하게 나오고 있다.

구약에 예수의 부활은 어떤 예시도 없다
부활은 하나님 권능에 속한 일이므로

그러나 구약성경은 그리스도의 부활에 관해서는 어떤 예시도 하지 않는다. 부활이라는 개념 자체가 구약에서는 익숙하지 못한 것이었다. 죽은 아이를 살려내는 이야기는 있다. 엘리야가, 그가 묵고 있던 집에서 사르밧 과부의 아들을 살린 이야기왕상 17: 17-24와 엘리사가 수넴 여인의 죽은 아들을 살린 이야기왕하 4: 17-25, 32-37가 그 예다. 죽은 사람이 다시 살아나는 것을 부활이라고 한다면 이런 기사들도 부활 이야기라 할 수 있을 것이다. 그러나 그것은 성서적·신학적 의미에서의 부활과는 거리가 있다.

구약이 전하는 부활
왕기와 에스겔 기사가 전부

그렇다고 구약에서 부활에 관한 이야기를 전혀 하지 않는 것은 아니다. 먼저 에스겔 37장에 나오는 마른 뼈들이 살아나서 큰 군대를 이루는 상징적인 환상겔 37: 1-14을 통해 부활을 연상해 볼 수 있다. 물론 이 환상은 기본적으로 이스라엘의 민족적 회복을 가리키고 있다는

마른 뼈들이 살아나서 큰 군대를 이루는 상징적인 환상. 에스겔서 37장에 나온다. 이 환상은 기본적으로 이스라엘 민족의 민족적 회복을 가리키고 있다는 데에 반론의 여지가 없다.

데에 반론의 여지가 없다. 그러나 거기에는 백골화 되어 죽은 사람들이 한 꺼번에 살아있는 군대로 부활한다는 의미를 함축하고 있다. 그 환상을 보여 주며 하나님께서 에스겔에게 하신 첫 질문은 "이 뼈들이 능히 살 수 있겠느냐?"였고, 선지자의 대답은 "주 여호와여 주께서 아시나이다"였다. 부활은 자연적이고 과학적인 사실로 이해할 일이 아니고 순전히 하나님의 권능에 속한 일인 것이다.

그리고 이 본문에서 예수의 부활 사건을 연상케 하는 말씀은 "내 백성들아 내가 너희 무덤을 열고 너희로 거기에서 나오게 하고 이스라엘 땅으로 들어가게 하리라. 내 백성들아 내가 너희 무덤을 열고 너희로 거기에서 나오게 한즉 너희는 내가 여호와인줄을 알리라"[12하-13]는 대목이다. 예수가 십자가에 달려 운명하고 부활하였을 때 실제로 이런 일들이 일어났기 때문이다. 이 기록은 신약성경 "무덤들이 열리며 자던 성도의 몸이 많이 일어나되 예수의 부활 후에 그들이 무덤에서 나와서 거룩한 성에 들어가 많은 사람에게 보이니라"[마 27: 52-53]는 마태복음 기사에서 그대로 성취되었다.

> ## 다니엘의 급박한 기록에 등장하는 부활
> ### 그리스도 수난과는 거리 멀어
> ## 종말에 있을 모든 사람들의 부활로 해석해야

다니엘서에서는 좀 더 직접적으로 마지막 날에 있을 부활을 언급한다.

그 때에 네 민족을 호위하는 큰 군주 미가엘이 일어날 것이요, 또 환란이 있으리니 이는 개국 이래로 그 때까지 없던 환란일 것이며 그 때에 내 백성 중 책에 기록된 모든 자가 구원을 받을 것이라. 땅의 티끌 가운데에서 자는 자 중에서 많은 사람이 깨어나 영생을 받는 자도 있겠고 수치를 당하여서 영원히 부끄러움을 당할 자도 있을 것이며, 지혜 있는 자는 궁창의 빛과 같이 빛날 것이요, 많은 사람을 옳은 데로 돌아오게 한 자는 별과 같이 영원토록 빛나리라(단 12: 1-3).

이 본문은 원래 북방 수리아의 폭군 안티오쿠스 에피파네스 IV세Antiochus Epiphanes IV: BC 175-163가 죽고 그의 폭정과 압제를 겪으면서도 살아남은 사람들에게 용기와 소망을 주는 메시지로 주어졌다. 그러나 어조는 급변하여 마지막 날에 생길 일들을 언급한다. 먼저 종말론에서 말하는 대환란이 언급되고 이스라엘 민족의 수호천사인 미가엘이 악한 세력에 맞서 일어난다. 그리고 생명책에 그 이름이 기록된 의인들은 부활하여 구원을 받게 되고, 악인들은 부활하여 영원한 저주와 멸망을 당하게 된다. 종말에 있을 모든 사람들의 부활을 보여주는 것이다. 그러나

사자 굴 속의 다니엘. 다니엘서는 하나님의 지배가 확립되고 의인들이 부활함으로써 하나님을 믿는 충실한 신자들이 고통에서 해방될 이 세상의 종말을 생생하게 묘사하고 있다. 믿는 자들에게 순교하는 순간까지라도 참고 견디라고 역설했다.

여기에 언급되어 있는 부활은 종말론에서 말하는 마지막 날의 부활이며 예수 그리스도의 부활이 아니다. 수난과 부활을 이야기할 때의 부활과는 거리가 있는 부활이다.

다른 하나의 부활에 대한 직접적인 언급은 이사야서26: 19에 나온다.

주의 죽은 자들은 살아나고 그들의 시체들은 일어나리이다 티끌에 누운 자들아 너희는 깨어 노래하라 주의 이슬은 빛난 이슬이니 땅이 죽은 자들을 내놓으리로다

앞의 다니엘서 12장 2절의 말씀과 비슷하게 이해할 수 있는 내용이다. 바벨론 포로생활에서 고국으로 돌아온 이스라엘 공동체가 영적으로 무력하고 죽은 것과 같은 데서 되살아나는 것을 가리키는 구절이다. 여기서 그들이 예루살렘을 재건한 사실은 마지막 날에 죽은 성도들이 부활하여 하나님을 찬양하게 되리라는 것을 분명하게 언급하고 있다. 그러나 이 본문 역시 예수 그리스도의 부활을 내다보는 내용은 아니다.

수난, 부활은 하나님의 아들이 세상에서 보낸 마지막 7일의 사건

구약성경에서 예수의 부활 예고는 전무하나 수난 이야기만은 분명히 예고하고 있다. 수난과 부활 사건은 하나님의 아들 성자 하나님이 인간의 구원을 위해서 사람의 모습으로 인간 세계에 오신 후 그가 보낸 이 세상에서 마지막 일주일 동안에 이루어진 일이다. 그것은 하나님의 인간 구원 계획에 따라 태초로부터 예고되어 왔었다. 그가 당할 수난 후에 보게 될 영광스러운 부활에 관한 예고는 전무하다. 그러나 수난 이야기만은 구약에서 분명하게 예고되어 있다. 그것은 창세기로부터 선지자들의 글에 이르기까지 두루 나타나 있다. 따라서 신약의 다른 기록들과 마찬가지로 수난 사건도 구약에 비추어서 살펴보는 것이 그 순서라 할 수 있을 것이다.

02
복음서는 어떻게 말하나

복음서 기자들의 일치하지 않는 기록들을 어떻게 볼 것인가

예수가 자신이 당하게 될 수난과 죽음 그리고 부활에 대하여 직접 예고한 이야기들은 복음서를 통해 분명하게 이야기 되어 있다. 예수가 그 말들을 정말 하였는가에 대해 학자들 간에 일치된 의견을 모으지는 못했다고 하더라도, 우리는 여기에서 그가 그런 말을 직접 하였고 단지 복음서 기자들에 따라 일치하지 않는 표현들이 나왔을 뿐이라는 입장에서 모든 복음서의 기록들을 의심할 여지가 없는 말씀들로 받아들인다. 한 치 앞도 예측 못 하는 인간과 달리 그는 초자연적인super-ordinary 능력으로 자신이 앞으로 당할 일을 알고 있었고 그것을 그를 따르는 사람들에게 알려주었던 것이다.

예수의 수난을 예고하는 제 일성은 그가 공생애 초기에 했던 "신랑을 빼앗기는 날이 이른다" 마 9: 15; 막 2: 20; 눅 5: 35는 말이다. 이 발언은 세례요한의 제자들과 바리새인들은 금식하는데 그의 제자들은 하지 않는다는 비난에 대한 대답으로 나왔다. "빼앗긴다take away"는 표현은 이사야서에서 예고한 그 고난의 종이 "살아있는 자들의 땅에서 끊어진다His life is taken away from the earth"는 예언을 반영한 것으로, 그가 죽음의 자리로 끌려나가 결국 목숨을 잃게 되는 것을 말한다. 이것은 앞으로 그에게 어떠한 비극적 일들이 몰아닥칠지 그가 알고 있었음을 보여주는 대목이다.

다음으로 그의 수난을 예고하는 말씀은 빌립보 가이사랴 지방에서 그가 제자들에게 "너희는 나를 누구라 하느냐?"고 묻고 베드로가 그를 그리스도라고 고백한 뒤에 이어서 한 말이다. 마 16: 21; 막 8: 31; 눅 9: 22

이 때로부터 예수 그리스도께서 자기가 예루살렘에 올라가 장로들과 대제사장들과 서기관들에게 많은 고난을 받고 죽임을 당하고 제삼일에 살아나야 할 것을 제자들에게 비로소 나타내시니. (마16:21)

여기에서 예수는 자신을 인자라고 지칭하면서 자신이 유대교의 지도자들인 장로들과 대제사장들과 서기관들에게 버림을 받아 죽임을 당하고 사흘만에 부활할 것이라는 것을 제자들 앞에서 구체적으로 밝혔다. 이것은 그가 자신의 부활을 처음으로 예고한 말이었다. 다음으로 그의 수난에 대한 예고는 말라기가 예언한 엘리야로서 세례요한 이야기에 이어서 한 말이다. 구약에서 예고된 대로 "많은 고난을 받고 멸시를 당하리라"고 한 대목이다.^{마 17:}

^{12; 막 9: 12}

그의 수난과 죽음, 그리고 부활을 구체적으로 밝힌 두 번째 기록은 그의 사역 말기에 갈릴리 지방을 지나면서 제자들에게 한 말씀이다.^{마 17: 22-23; 막 9: 31; 눅}

^{9: 44} '인자가 장차 사람들의 손에 넘겨져서 그들의 손에 죽임을 당하지만 삼일 만에 다시 살아난다'는 내용이었다. 여기에서 흥미로운 사실은 누가복음에서는 사람들의 손에 넘겨지리라는 말씀만 기록되어 있고 그들에게 죽임을 당하여 삼일 만에 부활한다는 것은 빠졌다는 것이다.

©구스타브도레

예수가 부활을 예고한 마태복음 20장 18-19절

"보아라, 우리는 지금 예루살렘으로 올라가고 있다. 인자가 대제사장들과 율법학자들에게 넘겨질 것이다. 그들은 그에게 사형을 선고할 것이며, 그를 이방 사람들에게 넘겨주어서, 조롱하고 채찍질하고 십자가에 달아서 죽게 할 것이다. 그러나 그는 사흘째 되는 날에 살아날 것이다."(새번역)

예수가 자신이 당하게 될 수난과 죽음 그리고 부활에 대하여 직접 예고한 이야기들은 복음서를 통해 분명하게 이야기 되어 있다. 한 치 앞도 예측 못하는 인간과 달리 그는 자신이 앞으로 당할 일을 알고 있었고 그것을 그를 따르는 사람들에게 알려주었다.

갈릴리에 모일 때에 예수께서 제자들에게 이르시되 인자가 장차 사람들의 손에 넘겨져 죽임을 당하고 제삼일에 살아나리라 하시니 제자들이 매우 근심하더라. (마17: 22-23)

왜 누가는 예수의 부활 발언을 뺐나
예수, "선지자가 예루살렘 밖에서는 죽는 법이 없다" 의미심장한 발언

물론 학자들 사이에서는 이러저러한 설명들에 설왕설래 하지만 그 이유를 다 설명할 수는 없다. 그 대신 누가복음에는 "선지자가 예루살렘 밖에서는 죽는 법이 없느니라"13: 33는 말씀과 "그가 먼저 많은 고난을 받으며 이 세대에게 버린 바되어야 할지니라" 17: 25는 말씀이 부연되어 있다는 것만 밝혀 두기로 한다.

예언하는 스승, 못 알아듣는 제자들

세 번째로 그의 수난과 죽음, 그리고 부활에 대한 예고는 그와 그의 제자들이 마지막으로 예루살렘을 향해 가면서, 예루살렘에서 그가 어떤 일을 당할지를 구체적으로 설명하는 대목에서 나온다.마 20: 18-19; 막 10: 33-34; 눅 18: 32-33 이번에는 이스라엘 종교지도자들이 "그를 죽이기로 결의하고 이방인들에게 넘겨주어 그를 조롱하며 채찍질하며 십자가에 못 박게 할 것"을 좀 더 구체적으로 밝히고 있다. 산헤드린 공회의 결의로 그가 빌라도와 로마 군인들에게 넘겨져 십자가에 달려 죽는 것까지를 말하고 있는 것이다. 역시 삼 일만에 있을 부활에 대한 예고도 자연스럽게 따르고 있다.

그리고 야고보와 요한이 하나님의 나라에서 그들이 주님의 좌우에 앉는 영광을 누리게 해 달라고 구했을 때마태복음에서는 그들의 어머니가 구한 것으로 나온다 그는 잔이라는 상징어를 사용하여 "내가 마시려는 잔을 너희가 마실 수 있느냐?"고 물음으로써 그가 당할 수난을 잔으로 표현하였다. 또 마가복음에서는 잔이라는 말과 함께 그가 받을 세례라는 표현도 함께 쓰고 있다.마 20: 20-28; 막 10: 35-40 암시적인 표현들로서 그가 당할 수난을 나타낸 것이었다.

세베대의 아들들인 야고보와 요한이 예수께 다가와서 말하였다. "선생님, 우리가 요구

하는 것은, 무엇이든지 해주시기 바랍니다." 예수께서 그들에게 말씀하셨다. "너희는 내가 너희에게 무엇을 해주기를 바라느냐?" 그들이 그에게 대답하였다. "선생님께서 영광을 받으실 때에, 하나는 선생님의 오른쪽에, 하나는 선생님의 왼쪽에 앉게 하여 주십시오." 예수께서 그들에게 말씀하셨다. "너희는, 너희가 구하는 것이 무엇인지를 모르고 있다. 내가 마시는 잔을 너희가 마실 수 있고, 내가 받는 세례를 너희가 받을 수 있느냐?" 그들이 그에게 말하였다. "할 수 있습니다." 예수께서 그들에게 말씀하셨다. "내가 마시는 잔을 너희가 마시고, 내가 받는 세례를 너희가 받을 것이다. (막10: 35-39 | 새번역)

누가복음에서는 그보다 앞서 "나는 받을 세례가 있으니 그것이 이루어지기까지 나의 답답함이 어떠하겠느냐?"[12: 50]고 함으로써 그가 수난을 앞두고 그것을 세례라고 이미 표현한 일이 있었다.

이어서 "인자가 온 것은 섬김을 받으려 함이 아니라 도리어 섬기려 하고 자기 목숨을 많은 사람의 대속물[a ransom]로 주려 함이니라"[마 20: 22; 막 10: 45]에서는 십자가에 달려 죽는 일이 만민을 구원하시려는 하나님의 구속사업이라는 대업을 완수하는 일임을 밝힌다. 구약에서 속죄제를 드릴 때 양이나 염소가 속죄의 제물로 드려짐으로써 그것들이 그 사람의 대속물이 된 것에서 유추하면 그의 몸이 만민을 위한 대속[代贖]의 제물이 되었다는 것은 쉽게 이해할 수 있는 말이다. 그러나 누가복음에서는 비슷한 내용[22: 27]이 나오기는 하나 대속이라는 개념은 전혀 비쳐지지 않는다.

예수는 비유를 통해 자신의 수난과 죽음을 예고하였다. 포도원 농부 비유[마 21: 33-42; 막 12: 1-12; 눅 20: 9-19]가 그것이다. 포도원을 만들어 농부들에게 세로 준 주인은 하나님을 나타내고 그 농부들은 이스라엘 백성들을, 그 소출 얼마를 받으려고 보냄 받은 종들은 구약의 선지자들을, 마지막으로 보냄 받은 주인의 아들은 예수 자신을 나타낸다는 것은 주지의 사실이다. 농부들이 그 아들을 잡아 포도원 밖으로 내쫓아 죽였다는 비유는 자신이 자기 민족에게 버림받아 붙잡혀 죽게 된다는 것을 이야기한 것이다.

포도원 비유

예수께서 백성에게 이 비유를 말씀하셨다. "어떤 사람이 포도원을 만들어서, 농부들에게 세로 주고, 오랫동안 멀리 떠나 있었다. 포도를 거둘 때가 되어서, 포도원 주인은 포도원 소출 가운데서 얼마를 소작료로 받아 오게 하려고, 종 하나를 농부들에게 보냈다. 그런데 농부들은 그 종을 때리고, 빈손으로 돌려보냈다. 주인은 다른 종을 보냈다. 그랬더니 그들은 그 종도 때리고, 모욕하고, 빈손으로 돌려보냈다. 그래서 주인이 다시 세 번째 종을 보냈더니, 그들은 이 종에게도 상처를 입혀서 내쫓았다. 그래서 포도원 주인은 말하였다. '어떻게 할까? 내 사랑하는 아들을 보내야겠다. 설마 그들이 내 아들이야 존중하겠지!' 그러나 농부들은 그를 보고서, 서로 의논하며 말하였다. '이 사람은 상속자다. 그를 죽여 버리자. 그래서 유산이 우리 차지가 되게 하자.' 그리하여 그들은 주인의 아들을 포도원 바깥으로 내쫓아서 죽였다. 그러니 포도원 주인이 그들을 어떻게 하겠느냐? 주인은 와서 그들을 죽이고, 포도원을 다른 사람들에게 줄 것이다." 사람들이 이 말씀을 듣고서 말하였다. "그런 일이 없기를 바랍니다." 그 때에 예수께서 그들을 똑바로 바라보시고 말씀하셨다. "그러면, '집 짓는 사람들이 버린 돌이 집 모퉁이의 머릿돌이 되었다' 하고 기록된 말은 무슨 뜻이냐? 누구든지 그 돌 위에 떨어지면, 그는 부서질 것이요, 그 돌이 어느 사람 위에 떨어지면 그를 가루로 만들 것이다." 율법학자들과 대제사장들은 예수가 자기네들을 겨냥하여 이 비유를 말씀하신 줄 알았다. 그래서 그들은 바로 그 때에 예수께 손을 대어 잡으려고 하였으나, 백성을 두려워하였다.

(눅 20: 9-19 [새번역]).

이 밖에도 그가 유월절 전에 십자가에 못 박히기 위하여 팔릴 것이라는 것마 26: 2을 전하였고, 그의 머리에 향유를 부은 여자를 보고 그의 제자들에게 그것이 그의 장례를 위한 것이라고 하였으며마 26: 12; 막 14: 8 최후의 만찬을 마치시고 감람산으로 갔을 때 제자들에게 "내가 목자를 치리니 양의 떼가 흩어지리라"는 스가랴의 예언을 인용하면서 제자들이 모두 자신을 버리고 도망할 것을 예고함마 26: 31-32; 막 14: 27-28으로써 자신의 수난과 죽음을 간접적으로 예고하였다.

이상은 공관복음서를 통해 예수가 자신이 당할 수난과 그 후에 따르게 될 부활의 예고를 살펴본 것이다. 이제 요한복음에 나오는 예고를 고찰하려고 한다. 요한복음에서 예수의 수난을 상징적으로 먼저 말한 이는 세례요한이었다. 그는 예수를 처음 보았을 때 "세상 죄를 지고 가는 하나님의 어린 양the Lamb of God who takes away the sin of the world"1: 29이라고 했다. 요한은 앞에서 말한 만민의 죄를 대속하는 대속제물로서의 예수 그리스도를 보았던 것이다.

다음으로 성전에서 모든 매매 행위를 정리한 뒤에 유대인들과의 논쟁에서 예수는 "너희가 이 성전을 헐라. 내가 사흘 동안에 일으키리라"2: 19고 했다. 요한은 그것이 "성전 된 자기 육체를 가리켜 말씀하신 것이라"2: 21고 덧붙여 설명했다. 여기에서 그가 당할 수난과 십자가를 명확히 밝히지는 않았다고 하더라도 후일에 이루어진 일들에 비추어 본다면 적어도 그것이 '그의 죽으심과 부활'을 빗대어 표현한 것이라고 이해하는 데는 무리가 없다.

요한복음에서 볼 수 있는 하나의 특징은 유대인들이 예수가 행하는 일들을 보고 그를 미워하여 그의 공생애 전 기간에 걸쳐 죽이려고 했다는 것이다.[5: 18; 7: 1, 25; 8: 37, 40, 59; 10: 31; 11: 8] 공관복음이 예수의 갈릴리 사역을 중심으로 기록하고 있는데 반하여 요한복음은 예루살렘에서의 사역을 더 중점적으로 다루고 있다. 예수의 그런 사역은 유대교 지도자들의 미움을 받는 하나의 이유였다고 할 수 있다. 공관복음은 그가 열두 살에 예루살렘으로 올라간 것[눅 2: 41]을 제외하면 그의 공생애에서는 마지막 주간을 맞으려고 올라간 것[마 21: 1-11; 막 11: 1-11; 눅 19: 28-38]만을 기록하고 있다. 반면 요한복음은 그가 예루살렘에 간 것을 세 번[2: 13; 5: 1; 12: 12-19] 기록하고 있다. 거기에서의 사역을 중점적으로 다루기 때문에 요한복음에서는 대체로 공관복음에서 다루지 않은 내용을 기록하고 있는 것이다. 그리고 그가 행하는 일들과 사람들의 관심이 집중된 것으로 예수를 죽이려는 음모는 산헤드린 공회에서 공식적으로 논의됨으로써[11: 47-53] 그 절정을 이루었다. 한마디로 예수 그리스도의 공생애 기간 동안 예루살렘을 중심으로 하는 유대지역에서는 처음부터 예수를 반대하던 유대인들이 끊임없이 결집하여 그 세력을 키워갔고 결국 그를 잡아 죽음에 이르게 하였다.

예수가 자신이 당할 수난과 죽음에 대해 예고한 것은 그의 선한 목자 비유[10: 7-21]에서 이어진다. 그 중심을 이루는 말씀은 "나는 양을 위하여 목숨을 버리노라. For these sheep I lay down my life"[10: 15]이다. 사람들을 구원에로 인도하기 위해서 자신이 죽어야 할 것을 예고한 것이다. 그것도 타의에 의해 억지로 그렇게 하는 것이 아니라 스스로 결단하고 기꺼이 목숨을 내주는 것이었다. "이를 내게서 빼앗는 자가 있는 것이 아니라 내가 스스로 버리노라. 나는 버릴 권세도 있고 다시 얻을 권세도 있으니"[10: 18]라고 밝혔고, 다시 얻을 권세도 있다고 함으로서 부활을 암시하시기도 했다.

요한복음이 그의 수난을 예고하고 있는 또 한 가지 표현은 "인자the Son of Man가 들림을 받는다be lifted up"는 것이다. 이런 예고적 표현은 세 번[3: 14; 8: 28; 12: 32, 34] 나오는데, 이것은 이사야서의 "보라. 내 종이 형통하리니 받들어 높이 들려서 지극히 존귀하게 되리라"[사 52: 13]는 말씀의 직접적인 반영이다. 이 세 번의 표현은 발전적으로 전개된다. 첫째[3:14]는 니고데모와의 거듭남에 대한 논의 끝에 인류 구원을 위해서는 "모세가 광야에서 뱀을 든 것 같이 인자도^{반드시} 들려야 한다"는 것이었다. 영생을 얻는 필수 과정이라는 것이다. 둘째는 "너희^{유대인들과 바리새인들}가 인자를 든 후에 내가 그인 줄 알고^{When you lift up the Son of Man, then you will know that I AM}"[8:28]라는 말씀을 통해서다. 인자를 들림 받게 하는 것이 누구인지와 들림 받는 자신이 누구인지를 밝히고 있다. 그를 대적하는 사람들의 음모로 자신이 죽임을 당한다는 것을 말한 것이다. 셋째는 헬라인들이 예배하러 예루살렘에 왔다가 예수를 만나고 싶어하는 자리에서 하늘에서 그를 영광스럽게 하였다는 소리가 들린 뒤에 "내가 땅에서 들리면 모든 사람을 내게로 이끌겠노라."[12:32]고 한 것이다. 자신이 십자가에 달려 죽고 부활 승천하는 일은 결국 모든 사람들이 그에게로 나아와서 구원을 얻을 수 있는 길을 열리게 하는 것임을 예고한 것이다. 그러나 그 말을 들은 그를 대적하는 사람들은 다시 그에게 반문하고 공격했다. 왜 인자가 들림 받는 일이 꼭 필요하다고 하는지를 물은 것이다.[10:34] 메시아가 오면 그의 나라가 이 땅 위에 영원히 건설되리라고 믿어온 그들로서는 그리스도라고 자처하는 예수가 들려야 한다는 것을 이해할 수 없었던 것이다. 어쨌든 그는 자신이 예고한 대로 그의 십자가의 길을 향해 계속 나아갔다. 그러나 요한복음에서의 예고는 공관복음에서처럼 직접적인 언급보다 상징적인 표현이 주가 되고 있다. 그 대신 요한복음에서의 수난과 죽으심에 대한 예고는 공관복음에서보다는 좀더 그것이 구원과 밀접하게 연계되어 있다는 것을 알 수 있다.

전체적으로 예수가 그의 수난과 죽음, 그리고 부활을 예견하고 전하였다는 사실은 그의 예지의 능력을 말해주는 것이다. 그에게 닥쳐올 일을 미리 알고 있었다는 얘기다. 그가 단순히 인간 구원을 위해 잠시 세상에 내려온 한 명의 사람이 아니라 하나님의 아들 성자 하나님이었음을 보여주었던 것이다. 그리고 그의 수난과 죽음, 그리고 부활 사건은 하나님의 인간 구원을 위한 크신 계획의 일부로 이해되어야 한다는 사실도 분명해졌다.

03
예수의 수난에 관여하는 사람들

악역들

하나님은 사람들을 통해 당신의 뜻을 이루시는 것이 보통이다. 자연세계는 대체로 하나님께서 직접 다스린다고 하더라도 인간의 역사와 인간 세계에서 이루어지는 일들은 사람들을 통해서 이루어 가신다. 예수께서 당하신 수난과 죽으심도 예외가 아니었다. 거기에는 수많은 사람들이 등장한다.

복음서들에 따르면 수난 이야기의 시작을 알리는 겟세마네 동산 기도회 후에 그를 배신한 가룟 유다가 한 무리의 사람들과 함께 그들을 찾아왔다. 그들은 성전 경비대[마 26: 47]에 속한 사람들로 대제사장들과 서기관들과 장로들이 보낸 사람들이었다.[막 14: 43] 그 무리 중에는 일부 장로들도 함께 했던 것으로 보인다.[눅 22: 52] 유대인들의 지도층에 속한 사람들이 그 무리를 파송하여 예수를 잡아오라고 했던 것이다.

예수를 체포하여 압송하는 과정에도 수많은 사람들이 참여한 셈이다. 대제사장들과 서기관들, 장로들과 바리새인들, 성전 경비대장들과 그 경비대원들 등이 등장하는 것이다. 그리고 체포 현장에 있었지만 예수가 예고한대로 이 비극적 사건이 시작되자 칼을 빼어 대제사장의 종 한 사람의 오른쪽 귀를 베어버린 베드로와 더불어 현장을 벗어나 도망쳐버린 제자들도 있었다. 수난 이야기가 진행되면서 더 많은 사람들이 등장한다. 제판 과정에서부터 십자가에 달려 운명할 때까지 구경하던 수많은 유대인들과 제판을 담당했던 총독 빌라도, 사형집행을 맡았던 로마 군인들까지 수많은 사람들이 수난 이야기 중심에 있었다.

유대인들(무리) "우리에게는 진리보다 떡이 더 중요하다"

먼저 가장 많은 수를 차지하는 유대인들부터 살펴보자. 당시[AD 30-33경] 유대와 갈릴리를 포함하는 팔레스타인 지역에 살던 유대인들의 수는 정확하게 알 수는 없지만 400만에서 700만 정도로 추산된다. 그 가운데서 예수를 직접 대면하여 본 사람들의 수는 훨씬 더 제한적이었을 것이다. 더구나 빌라도의 법정까지 몰려가서 예수를 십자가에 못 박으라고 소리치고, 골고다 언덕으로 따라가면서 십자가에 달리는 모습을 보고 조롱하며 욕하던 사람들은 전체 인구 대비 극히 일부의 유대인들이었다. 아마 그들 중 상당수는 유대교 지도자들의 사주를 받은 사람들[마 27: 20;막 14: 11]이었을 것이다.

그러나 소수의 유대인들은 예수의 수난 이야기에서 제외시킬 수 없는 사람들이다. 바로 그들이 빌라도 법정에서 예수를 십자가에 못 박도록 강하게 요청했기 때문이다.

그들은 성경에서 무리, 군중, 백성, 사람들, 유대인들 등으로 소개된다. 그들 중에는 갈릴리 사역에서 예수를 기꺼이 따르던 사람들과 예루살렘으로 입성할 때 호산나를 외치며 환대하던 무리들의 일부도 포함되어 있었을 것이다. 물론 예수를 환대하

수난 이야기의 시작

말씀하실 때에 열둘 중의 하나인 유다가 왔는데 대제사장들과 백성의 장로들에게서 파송된 큰 무리가 칼과 몽치를 가지고 그와 함께 하였더라[마26:47].

예수께서 말씀하실 때에 곧 열둘 중의 하나인 유다가 왔는데 대제사장들과 서기관들과 장로들에게서 파송된 무리가 검과 몽치를 가지고 그와 함께 하였더라[막14:43].

예수께서 그 잡으러 온 대제사장들과 성전의 경비대장들과 장로들에게 이르시되 너희가 강도를 잡는 것 같이 검과 몽치를 가지고 나왔느냐 [눅 22: 52].

사주 받은 무리

그러나 대제사장들과 장로들은 무리를 구슬러서, 바라바를 놓아달라고 하고, 예수를 죽이라고 요청하게 하였다 [마27:20 새번역].

여기 그 사람이 있다 ©히에로니무스 보스 에체 호모

소수의 유대인들은 예수의 수난 이야기에서 제외시킬 수 없는 사람들이다. 바로 그들이 빌라도 법정에서 예수를 십자가에 못 박도록 소리를 지르며 강하게 요청했기 때문이다. 그들은 성경에서 무리, 군중, 백성, 사람들, 유대인들 등으로 소개된다.

던 그 사람들 가운데 얼마나 많은 사람들이 수난이야기에 동참했는지는 알 수 없다. 역시 모두는 아니었겠지만 적어도 일부는 군중심리에 휩쓸리어 예수를 적대하는 무리에 들어갔을 것이다.

당시 유대인들 중에는 예수를 따르는 사람들이 일부, 어떤 이유에서라고 분명하게 밝힐 수는 없지만 그를 적대시하는 사람들도 있었다. 자발적으로 그런 입장에 서는 사람들도 있었지만 일부는 종교지도자들의 설득으로 그런 태도를 취한 사람들도 있었을 것이다. 경우에 따라 그 대세가 어느 한 쪽으로 기울게 되면 일반적인 무리 중에는 대세를 정면으로 거슬러 맞서는 사람은 없었을 것이다.

지도층에 속한 유대인들 수난 사건이라는 무대의 숨은 연출자들

복음서에서 대제사장들과 서기관들, 장로들과 성전 경배대장들, 바리새인들이라 지칭되는 사람들이다. 이들은 예수의 수난 이야기에서는 일반적으로 그에게 적대적인 태도를 드러냈던 사람들이다. 예수의 수난 사건을 주도한 사람들은 대제사장들과 바리새인들이었고 장로들이 그들과 함께 하였던 것으로 묘사되고 있다. 예수의 사역 기간에는 거의 언급되지 않던 대제사장들이 수난 사건을 주도했다는 것과, 거기에 일반 제사장들이 개입했다는 이야기가 없다는 것은 흥미롭다. 이런 사실은 예수에 대해 적대적인 태도를 보이는 것이 제사장들의 고유 업무에 속한 일이 아니었고, 대제사장들의 역할과도 무관한 일이었음을 보여준다.

사람들이 예수를 끌고 대제사장 가야바의 집으로 갔을 때 거기에는 대제

28 부활은 **팩트**다

대제사장들이란 어떤 사람들인가?

유대교 전통 안에서 대제사장은 최초의 제사장인 아론의 직계 자손이었다. 이론적으로는 한 사람만 있을 수 있었다. 대제사장직은 종신직이었으며,[민 35: 25] 세습을 통해서 세워졌기 때문이다. 그러나 상황은 많이 달라졌고 복잡해졌다. 오랜 세월에 걸쳐 다른 나라들의 지배를 받으면서 특히 로마제국의 지배를 받으면서 그 통치자들이 흔히 대제사장을 파면시키고 다른 사람을 그 자리에 앉히는 일이 반복되었다.

대제사장 앞의 예수 ⓒ안드레아 스키아보네

반드시 대제사장의 아들 가운데서 세워지던 원칙도 지켜지지 않았다. 결국 퇴임한 대제사장들의 수는 해가 거듭될수록 많아졌다. 그러다보니 1세기에 이르러 유대 땅에는 수많은 전직 대제사장들이 존재하게 된 것이다. 그들은 자리에서 물러난 뒤에도 합법적으로 예우를 받으며 지낼 수 있었다. 그 중 어떤 사람들은 현직 대제사장과 같은 영향력을 행사하기도 했다. 대제사장 자리에 오르기 위해 뇌물을 바치기도 했다. 그렇게 차지한 자리도 1년 정도 유지하는 것이 보통이었다.

예수의 수난 당시 대제사장은 가야바였다. 하지만 예수를 잡아 먼저 끌고 간 곳은 가야바의 장인인 안나스 앞이었다. 그에게로 가서 심문을 받게 하였고 그도 대제사장이라고 지칭되었다. 안나스에게 심문을 받은 예수는 그 다음으로 가야바에게로 보내졌다. 복음서는 거기에서 이루어진 심문 이야기는 언급하지 않는다. 바로 빌라도의 관정으로 끌고 간 것이 나온다.[요 18: 13-14, 19-24] 쉽게 말해서 현직에서 물러난 전직 대제사장인 안나스가 실제적인 권위를 행사한 것이라고 이해할 수 있는 장면이다. 세례요한이 사역을 시작할 때의 대제사장으로 안나스와 가야바가 나란히 소개되는 것[눅 3: 2]도 현직 대제사장은 가야바였지만 안나스가 실질적인 권위를 행사했음을 암시하고 있다.

불법

먼저 안나스에게로 끌고 가니 안나스는 그 해의 대제사장인 가야바의 장인이라. 가야바는 유대인들에게 한 사람이 백성을 위하여 죽는 것이 유익하다고 권고하던 자러라 (요18:13-14).

대제사장이 예수에게 그의 제자들과 그의 교훈에 대하여 물으니 예수께서 대답하시되 내가 드러내 놓고 세상에 말하였노라 모든 유대인들이 모이는 회당과 성전에서 항상 가르쳤고 은밀하게는 아무 것도 말하지 아니하였거늘 어찌하여 내게 묻느냐 내가 무슨 말을 하였는지 들은 자들에게 물어 보라 그들이 내가 하던 말을 아느니라 이 말씀을 하시매 곁에 섰던 아랫사람 하나가 손으로 예수를 쳐 이르되 네가 대제사장에게 이같이 대답하느냐 하니 예수께서 대답하시되 내가 말을 잘못하였으면 그 잘못한 것을 증언하라 바른 말을 하였으면 네가 어찌하여 나를 치느냐 하시더라 안나스가 예수를 결박한 그대로 대제사장 가야바에게 보내니라 (요18:19-24).

서기관의 기원

백성이 율법의 말씀을 듣고 다 우는지라 총독 느헤미야와 제사장 겸 학사 에스라와 백성을 가르치는 레위 사람들이 모든 백성에게 이르기를 오늘은 너희 하나님 여호와의 성일이니 슬퍼하지 말며 울지 말라 하고 (느 8:9).

사장들과 장로들과 서기관들이 모두 모였다고 했다.[막 14:53] 여기에서의 대제사장들은 안나스와 가야바를 포함하는 다른 전임 대제사장들, 그리고 산헤드린 공회원들인 장로들과 서기관들이 모두 모였음을 의미한다. 공회가 불법으로 소집된 것이다. 여기에 등장하는 장로들은 나이가 많은 사람을 의미하는 장로나 지방의 회당을 책임지고 관리하는 사람으로서의 장로[눅 7:3]가 아니다. 유대인 회중을 대표하는 사람들로 유대인들의 최고법정 역할을 했던 산헤드린 공회원들로 활동하던 장로들이었다. 그들은 정치적 종교적으로 권위를 인정받고 백성들의 존경을 받았다. 그들은 대제사장들과 함께 대체로 예수에 대해 적대적인 태도를 보였고 예수의 수난 과정과 죽음에 적극적으로 관여하였다.

다음으로 등장하는 사람들은 서기관들이다. 그들은 모세의 율법을 해석하고 가르치는 율법학자 또는 율법 교사들을 의미했다. 그들은 제사장 겸 학자였던[느 8:9; 12:26] 구약의 에스라에게까지 그 기원을 거슬러 올라간다. 그래서 신약시대 이전까지는 대체로 제사장들이 서기관 역할까지 담당했던 것으로 보인다. 그러나 신약시대가 되면서 전문적인 율법학자들이 서기관으로서의 일을 했고, 그들은 기록되어 전해오던 율법보다 구전되어오던 '장로의 전통'을 더 중시하게 되었다.[마 15:1-2]

예수는 그들의 그런 행태에 비판적이었고, 그것이 그들로부터 적대감을 불러일으키는 결과를 가져왔다. 물론 그들 가운데는 예수에 대해 호의적인 태도를 보인 사람도 있고막 12: 8, 그의 제자가 되겠다고 나선 사람도 있었다.마 8: 19

서기관들은 바리새인들과 동일시되기도 한다. 그러나 그 양자를 쉽게 동일시하기는 힘들지만 그들은 대체로 바리새인 출신이었다. 예수는 "화 있을진저, 외식하는 서기관들과 바리새인들이여"라고 하면서 바리새인들과 서기관들을 외식하는 부류의 사람들로 함께 책망하기도 했다.마 23장 그들은 예수의 사역 기간을 통해 늘 논쟁의 상대로 지냈으나 이제 예루살렘에 있는 지도급의 서기관들이 그의 수난 사건에 적극적으로 관여하며 나선 것이다. 그들은 산헤드린 공회원으로도 활동했다.

바리새인들은 유대인들의 종파 가운데 가장 강력한 힘을 가졌던 사람들로 평신도이면서 율법에 충실하려고 노력했던 자들이다. 그들은 성전에서의 제사보다 회당 중심의 예배와 교육에 더 많은 관심을 기울였다. 예수의 수난에는 처음부터 대제사장들과 함께 적극적으로 관여하였다.요 11: 47-57 그리고 예수의 부활에 대비하여 경비병들이 무덤을 지키도록 청원할 때도 그들은 대제사장들과 함께 하였다.마 27: 62 앞에서 언급한 바와 같이 산헤드린 공회원으로서 예수에 적대적이었던 서기관들도 사두개인들이기보다 바리새인들이었을 것이다. 그러나 역시 예수의 수난 이야기에 주도적인 역할을 한 무리는 대제사장들, 서기관들과 장로들이었다고 결론지을 수 있다.

관리들 누가가 밝혀 드러난 정체들

다음으로 예수의 수난 이야기에 등장하는 지도적인 사람들에 관리들이 있다. 그런데 이들의 이야기는 누가복음23: 13, 35에만 나온다. 그리고 이들이 어떤 사람들을 의미하는지도 정확하게 알 수 없다. 그 말은 중앙 권력에 관계되는 사람들이나 지방 관료들, 심지어 산헤드린 공회원요 3: 1에까지도 적용되는 말이었기 때문이다. 성전 경비대장들도 지도자 군에 넣을 수 있을 것이다. 그들은 성전과 산헤드린 공회와 관련하여 군사적 또는 질서 유지를 책임지는 경찰로서의 기능을 담당하는 사람들이었다. 수난 이야기에서 그들은 대제사장의 명을 받고 그 부하들 곧 대제사장이 운용할 수 있는 군사를 거느리고 예수를 체포하여 대제사장 앞으로 호송하는 역할을 했다.

가룟 유다 제자들 중 유일하게 고향이 달랐던, 유대 남방 출신의 돈 맡은 자

예수의 수난에 관여하는 사람으로 가룟 유다 이야기를 하지 않을 수 없다. 성경에서는 유다에 관해 그리 많은 정보를 주지 않는다. 신약성경에 그의 이름은 스물두 번 나온다. 마태복음: 5번; 마가복음: 3번; 누가복음과 사도행전: 6번; 요한복음: 8번 여기에

산헤드린 (의미 : 재판하는 집)

유대인들의 70인 회원들의 모임. 여기에는 민족의 중대사를 결정하는 대제사장이 대개 의장으로 추가되었다. 요세푸스는 주전 69년 요한 히르카누스의 통치 때에 있던 산헤드린을 처음으로 언급하였는데 이것은 둘째 성전이 지어진 이후에 대언자들의 대언이 없던 때에, 모세가 세운 70인 회의를 모방해서 만든 것으로 보인다. 민11:16-24 랍비들에 따르면 그들이 모인 장소는 둥근 원형 집으로 이곳의 반은 성전 내부에, 반은 성전 외부에 있었으며 재판관들은 성전 외부 방에 앉았다고 한다. 의장인 대제사장은 방의 끝에 앉았으며 그의 양 옆에는 보좌관이 있었다. 공회의 회원들은 대개 제사장이나 레위 사람이었다.

산헤드린의 권위는 광범위하였다. 산헤드린은 하위 재판소에서 올라온 문제들을 처리하였고 왕이나 대제사장 혹은 대언자들도 여기의 결정에 순종하였다. 또 종교나 경배 등 이스라엘 민족과 관련된 중요 문제들이 여기에 상정되었고 막14:55; 15:1; 행4:7; 5:41; 6:12 외국에 사는 유대인들도 종교에 관한 한 산헤드린의 결정에 따랐다. 행9:2 그리스도가 태어나기 얼마 전까지 산헤드린은 사형을 선고할 수도 있었으나 로마 사람들은 이 권한을 박탈하였다. 요18:31 예수가 말한 공회가 바로 산헤드린일 것이다. 마5:22 또한 모든 마을에는 일곱 명으로 구성된 재판소가 있어서 조그만 문제들을 처리하였으며 마5:22의 심판은 이런 곳에서의 재판을 뜻할 것이다.

서 상상력과 통찰력을 동원해서라도 그에 관한 이야기를 최대한 구성해보는 것은 도움이 될 수 있다. 성경에는 유다라는 이름이 여러 사람 나온다. 그들과 구별하기 위해서 이 사람은 가룟Iscariot을 붙여 부르는 것이 일반적이다. 그러면 가룟이라는 말은 무엇을 의미할까? 그것이 그의 배경이나 이력, 태도나 죽음에 관해서 무엇을 전해주는 것일까? 그것에 관해서는 수많은 설명들과 주장들이 있어왔지만 어느 것이라고 확실하게 설명할 수 있는 것은 없다. 단지 유다 남방에 속했던 가룟이라는 지명수 15: 25과 관련이 있으리라는 해석과 그가 제자로 부름받을 때 그에게 붙여준 별명과 관계 되리라는 설명 정도가 약간의 설득력을 갖는다고 할 수 있을 뿐이다.

그가 언제, 어떤 과정을 거쳐 예수와 함께한 열두 제자의 무리에 합류했는지도 알 수 없다. 아마 예수의 제자가 되어 어느 기간까지는 다른 제자들처럼 일상적인 제자로서의 삶을 살았을 것이다. 그러나 언제부터인가는 예수의 사역 막바지에 이르면서 그의 관계 생활에는 틈이 생기기 시작했다. 그는 최후의 만찬석에도 참석했다. 예수가 주는 떡과 포도주도 받아먹고, 마셨다. 그러나 예수는 그 자리에서 그를 지목하여 배신자라고 분명하게 밝혔다.마 26: 20-25 예수는 처음부터 그가 배신자가 되리라는 것을 알고 있었던 것이다.요 6: 64

그는 그런 지목을 받고 곧 그 자리를 떠났다.요 13: 30 그리고 그는 그 길로 곧장 대제사장들에게로 가서 '함께 실행하기로 약속했던 일을 실천에 옮겼다.'마 26: 14-16, 47-56; 막 14: 10-11, 43-50; 눅 22: 1-6, 47; 요 18: 1-3 그는 이미 주위에 제자들 외에 다른 사람들이 없는 한적한 때와 장소를 알려주기로 하고 돈을 받았다. 그리고 밤늦게 감람산 기슭의 한적한 곳으로 대제사장들과 서기관들과 장로들에게서 파송된 무장한 군인들의 무리를 안내하여 예수를 그들의 손에 안전하게 넘겨줬다.

왜 그가 예수를 적대하는 사람들에게 넘겨주었을까에 대한 설명도 여러 가지 있다. 다른 제자들이 모두 갈릴리 출신으로 형제·친구 등의 친밀한 관계를 형성하고 있었지만 그만 홀로 남쪽 유대지방 출신이었으므로 외톨이 신세였다는 설명부터, 돈궤를 맡은 사람이었기 때문에 욕심이 그를 그렇게 만들었다는 해석, 열정적인 애국자로 예수를 통해 새로운 나라를 건설하려는

꿈이 있었으나 그 꿈이 무산됨으로 실망한 것이 문제였다는 분석, 그가 예수의 발에 향유를 부은 여인의 일로 예수로부터 책망을 받은 것이 계기가 되었다는 설명에 이르기까지 다양하게 있어왔다. 그리고 그는 폭넓은 인맥관리를 하고 있어서 평소에 산헤드린 공회와의 관계를 유지하고 지냈는데 예수를 없애야겠다는 생각을 한 그들이 예수공동체 안에서 내부 조력자를 찾아낸

렘브란트는 유다가 자신을 매수한 이들에게 미친 듯 달려가 은전을 내동댕이치는 그림을 그렸다. 우울한 빛이 감도는 성전 바닥에 유다가 던진 은전들이 반짝거린다. 애원하는 유다의 모습이 측은하긴 하지만, 그가 용서를 구할 곳은 이곳이 아니었다. 이미 저질러진 일. 입을 맞추는 자신을 가만히 바라보던 예수의 모습을 떠올리며 그가 얼마나 괴로웠을지 짐작이 간다.

것이 유다였고, 그들이 먼저 유다에게 제안을 했으며, 유다가 그 제안을 수락했을 것이라는 설명도 있다. 어떤 주장이 옳든 유다가 예수를 죽이려는 사람들의 손에 넘겨주었다는 사실로 만족해야 한다.

　그는 그 후에 자기가 한 일을 뉘우치고 성전으로 가서 그가 받은 돈을 돌려주려 하였지만 그들이 받지 않아서 그 돈을 성전에 던져두고 왔다. 결국 그들은 그 돈으로 토기장이의 밭을 사서 나그네의 묘지로 삼았다고 전한다. 그리고 그는 나가서 스스로 목을 매어 스스로 목숨을 끊었다. 베드로는 그가 몸이 곤두박질하여 배가 터져 죽었다고 했다.마 27: 3-10; 행 1: 18 여러 가지 설명이 있을 수 있지만 아마 그가 언덕 위에 있는 나무에 목을 매어 자살한 후 예수가 운명할 때 일어난, 땅이 진동하고 바위가 터지는 이변들과마 27: 51 더불어 그가 달렸던 나뭇가지가 부러져 나뒹굴면서 배가 터졌다고 할 수 있을 것이다. 어쨌든 사람들은 그의 죽음이 하나님이 내리신 벌이라고 생각했다고 한다.

본디오 빌라도 모사꾼인가 평화주의자인가

앞에서 살펴본 바와 같이 예수의 수난과 죽음에 관여한 사람들은 많았다. 하지만 예수를 직접적으로 죽음에로 몰아넣은 사람이 있는데, 그가 빌라도다. 그가 최종적으로 사형 판결을 내리고 십자가에 못 박으라고 예수를 내주었기 때문이다. 2000년 교회사에서 사도신경을 통해서 2000년 동안 시간마다 '예수께서 빌라도에게 고난을 받아 죽으셨다'고 고백함으로써 그의 이름은 나쁜 의미에서 그리스도인들의 입에 오르내렸다.

그는 유대와 사마리아 지방을 통치하도록 로마 황제의 파견을 받은 총독AD 26-36이었다. 그러므로 유대인들이 그를 좋아할 리가 없었다. 로마제국의 권력을 업고 점령군의 최고 책임자로서 권좌에 앉아 있었기 때문이다. 그러나 유대인들로서는 산헤드린 공회까지도 합법적으로 사람을 처형할 수 있는 권한이 없다는 것이 문제였다. 물론 스데반이 순교한 경우처럼 자기들의 전통에 따라 돌로 쳐서 사람을 죽여도 묵인되기는 했다. 그러나 로마법에 따라 합법적으로 처형하는 것이 그를 추종하는 민중의 원성을 사지 않고 처리하는 길이었으므로 유대인들의 지도자들은 예수를 빌라도에게 넘겨주어 그의 결정에 따라 처형하는 편을 택했다. 그는 예수가 무죄라는 사실을 알고 있었지만 양심과 정의를 택하지 않고 정치적으로 유리한 쪽을 택한 것이다.

04
복음서 기자들이 기록한 **예수의 수난**

맥락들

4복음서는 모두 예수의 수난 사건을 다루고 있다. 그러나 그 이야기들은 일치하지 않아 보이는 면들도 있다. 이것들을 조화시켜 하나의 이야기로 엮어보는 것은 매우 중요하다 할 것이다.

예루살렘 입성
십자가로 나아가는 길의 서곡

그들 일행과 제자들은 유월절을 지키려고 예루살렘으로 올라가는 사람들이었다. 예수는 나귀새끼를 타고 가는 중이었다. 거리는 예수가 온다는 소식에 사람들이 '호산나'를 외치며 그를 환영하는 물결로 넘쳤다. 그러나 실상 그 환영의 물결은 십자가로 나아가는 길의 서곡이었다. 제자들을 포함하여 환호성을 지르던 사람들은 그가 예루살렘에 입성하면 왕으로서 그 도성을 로마의 손에서 탈환하여 의와 평화가 지배하는 나라를 건설해 주시리라 기대했다.

수난 이야기는, 최후의 만찬이 끝나고 겟세마네 동산에서의 기도 이야기로 시작한다고 보는 것이 일반적이다. 하지만 종려주일이라고 부르는 날부터의 이야기를 살펴보는 것도 의미 있어, 본서에서는 그렇게 하려고 한다.

수난의 서곡

본격적인 수난 이야기는 예수가 최후의 만찬을 끝내고 겟세마네로 향하

갈릴리

이스라엘이 가나안 정복 후 아셀, 납달리, 스불론, 잇사갈에 분배된 갈릴리 지방에는 당초 가나안 사람이 살고 있었다. 게데스 납달리는 그 무렵부터의 성읍이다.^{수 20:7, 21:32} 솔로몬은 두로 왕과 히람에게 갈릴리의 성읍 20을 주었다.^{왕상 6:11} 왕국 분열 후 이 지방은 북왕국 이스라엘 최북단의 땅으로서, 북쪽으로부터 적의 공격을 몇 번인가 받았다. 다메섹의 벤하닷 1세^{왕상 15:20}의 공격을 받아 하사엘에게 유린되었다.^{왕하 12:17-18} 그 영토는 여로보암 2세에 의해 일단 회복되었으나, 앗수르의 디글랏 빌레셀 3세는 BC 732년 갈릴리 지방을 병합하고 주민을 사로잡아 갔다.^{왕하 15:29} 그후 약 6세기 동안에 이 지방은 바벨론, 바사, 마게도냐, 애굽, 수리아에 이어 정복되고, 주민의 포로와 타민족의 이주가 되풀이 되어 여기에 일종의 혼합 인종과 혼합 문화를 낳고, 유대인으로부터 '이방의 갈릴리'^{사 9:1, 마 4:15}라고 멸시를 받게 되었다.

BC 80년 알렉산더 얀나 예우스^{Alexander Jannaeus}는 이 땅을 비로소 유대인에게 회복하고, 이 무렵부터 갈릴리에는 유대 세력이 증가하고 예루살렘의 유대주의자보다 더한 급진적인 애국주의자가 생겼다. 그러나 BC 63년 전 팔레스틴은 로마의 지배에 들어가게 되고 BC 55년 이후 셈포리스^{Sepphoris}가 갈릴리 지구의 행정 중심으로 되었다. BC 40년 로마 원로원은 헤롯을 '유대인의 왕'으로 임명하고, 갈릴리는 헤롯 일가의 사분령의 하나로 다스리게 되었다. 헬레니즘 문화의 영향 아래 있으면서, AD 25년 헤롯 안디바는 로마식 성읍 디베랴를 건설하여 도성으로 삼았으며, 거기에 로마풍의 대건조물을 짓고, 백성은 지방 사투리가 있는 아람어^{마 26:73}를 썼으나, 공용어로는 희랍어의 코이네가 사용되었다. 또 지중해 연안 지방에 유포된 가지가지의 혼합종교와 제사가 갈릴리 민중 속에도 들어와 있었다. 그러다 보니 유대인들은 갈릴리에서는 결코 선지자가 나지 못한다고 생각하였다.^{요 7:41, 52} 그렇지만 예수의 제자들은 거의 갈릴리 출신이었으며, 예수 자신도 그곳에서 성장, 그곳을 전도의 주요 무대로 하여 그 동쪽 지경 갈릴리 바닷가, 또는 그곳 동리, 고라신, 벳새다, 가버나움, 나인, 가나 및 나사렛 등에서 활동했다. 예수의 이 전도 활동이야말로 갈릴리의 역사 중에서 가장 의의가 있는, 아니 오히려 갈릴리의 역사를 초월한 중대한 사건이다. 그런데 헤롯 아그립바의 사후 전팔레스틴은 로마의 행정구가 되고, AD 66-73년, 132-135년에 있었던 유대인의 반란도 실패하여 유대는 멸망한다.

1948년 건국한 현재의 이스라엘은 전 갈릴리를 포함하고 있다.

여 기드론 시내를 건너는 데서부터 시작된다. 그러나 예수의 십자가로 향해 가는 길은 그가 고난과 죽음을 맞기 위해 본격적으로 예루살렘을 향하면서다. 갈릴리 사역을 마치고 여리고를 거쳐 예루살렘으로 올라가는 길이었다. 그 길 위에서 그는 실로 많은 교훈을 남겼고, 여러 번의 논쟁도 하였으며 맹인을 고치기도 했다.^{마 18-20장; 막 9: 39-10: 52; 눅 17:-19: 27} 그들 일행과 제자들은 유월절을 지키려고 예루살렘에 올라가는 사람들이었다. 예수는 나귀 새끼를 타고 가는 중이었다. "시온의 딸아 크게 기뻐할지어다 예루살렘의 딸아 즐거이 부를지어다. 보라 네 왕이 네게 임하시나니 그는 공의로우시며 구원을 베푸시며 겸손하여서 나귀를 타시나니 나귀의 작은 것 곧 나귀 새끼니라"슥 9: 9의 스가랴 예언을 성취시키는 일이었다. 거리는 예수가 온다는 소식에 호산나를 외치며 그를 환영하는 인파로 넘쳤다. 그러나 실상 환영의 물결은 십자가로 나아가는 길의 서곡이었다. 제자들을 포함하여 환호성을 지르던 사람들은 예수가 예루살렘에 입성하면 왕으로서 그 도성을 로마의 손에서 탈환하여 의와 평화가 지배하는 나라를 건설하리라 기대했다. 그러나 그가 이룰 나라는 그가 친히 겪어야 하는 끔찍한 고난과 십자가 죽음을 통해 이루어질, 전혀 다른 나라였다. 곧장 이루어지리라고 기대했던 그들의 바람과 달리 그가 이룰 나라는 오랜 후에 완전히 이루어질 나라였다.

> 호산나 외치던 군중, 예수가 예루살렘에 입성하면 그 도성을 로마의 손에서 탈환하여
> 의와 평화가 지배하는 나라를 건설하리라 기대해

입성한 예수는 바로 성전으로 가 여기저기를 둘러보고 제자들과 함께 나사로와 마르다의 자매가 살던 마을 베다니로 물러나 거기에서 밤을 보냈다. 예루살렘에서 밤을 보내는 것은 그를 죽이려는 음모가 진행되는 상황에서 매우 위험한 일이었기 때문이다. 다음 날 아침 그들은 다시 예루살렘으로 올라가서 역시 곧장 성전으로 갔다. 예수는 성전 구내에서 상행위를 하는 사람들을 내쫓음으로 성전 정화사업을 했다. 그리고 성전은 만민이 기도하는 집이지 장사하는 곳이 아님을 분명하게 교훈했다. 저녁에는 다시 베다니로 물러났다.

마르다와 마리아 집에 있는 그리스도
ⓒ얀 베르메르

성전 상인들을 내쫓는 예수 ⓒ렘브란트

"내 아버지의 집으로 장사하는 집을 만들지 말라"

유대인의 유월절이 가까운지라 예수께서 예루살렘으로 올라가셨더니 성전 안에서 소와 양과 비둘기 파는 사람들과 돈 바꾸는 사람들이 앉아 있는 것을 보시고 노끈으로 채찍을 만드사 양이나 소를 다 성전에서 내쫓으시고 돈 바꾸는 사람들의 돈을 쏟으시며 상을 엎으시고 비둘기 파는 사람들에게 이르시되 이것을 여기서 가져가라 내 아버지의 집으로 장사하는 집을 만들지 말라 하시니 제자들이 성경 말씀에 주의 전을 사모하는 열심이 나를 삼키리라 한 것을 기억하더라 이에 유대인들이 대답하여 예수께 말하기를 네가 이런 일을 행하니 무슨 표적을 우리에게 보이겠느냐 예수께서 대답하여 이르시되 너희가 이 성전을 헐라 내가 사흘 동안에 일으키리라 유대인들이 이르되 이 성전은 사십육 년 동안에 지었거늘 네가 삼 일 동안에 일으키겠느냐 하더라 그러나 예수는 성전된 자기 육체를 가리켜 말씀하신 것이라 죽은 자 가운데서 살아나신 후에야 제자들이 이 말씀하신 것을 기억하고 성경과 예수께서 하신 말씀을 믿었더라(요.2:13-22) .

_ 의와 평화로 그의 나라를 다스릴 것이라고 기대했던 유대인들에게
  예수의 예루살렘 입성은 기대에 부풀게 만든 일
_ 예수가 성전 정화활동을 할 때 아무도 반발하지 못했던 것도
  그런 기대와 무관하지 않았을 것
_ 시간이 지나면서 입성을 환호로 맞았던 기대 조금씩 무너지고 실망으로 이어져

예수가 갈릴리 사역을 끝내고 예루살렘에 입성한 것은 매우 중요한 의미를 갖는다. 당시 다수의 유대인들은 그들이 오랫동안 기다려오던 메시아가 드디어 도성에 입성한다고 생각했다. 예수는 이스라엘의 왕으로 왔지만 단순히 이스라엘 민족만의 왕이 아니라 모든 인류의 구원을 위해 오신 메시아였다. 그러나 그들은 그가 도성에 들어와서 그들이 바라는 그 왕으로 즉위하는 것을 기대했다. 그리고 그가 의와 평화로 그의 나라를 다스릴 것이라고 생각

했다. 그 날의 예루살렘 입성은 그들로 기대에 부풀게 만든 일이었다. 예수가 성전 정화활동을 할 때 아무도 거기에 반발하지 못했던 것도 그런 기대와 무관하지 않았을 것이다. 그러나 시간이 지나면서 제자들과 예수의 입성을 환호로 맞았던 사람들의 기대는 조금씩 무너졌고 결국은 실망으로 이어졌다.

향유를 말린 자

유월절 엿새 전에 예수께서 베다니에 이르시니 이곳은 예수께서 죽은 자 가운데서 살리신 나사로의 있는 곳이라. 거기서 예수를 위하여 잔치할쌔 마르다는 일을 보고 나사로는 예수와 함께 앉은자 중에 있더라. 마리아는 지극히 비싼 향유 곧 순전한 나드 한 근을 가져다가 예수의 발에 붓고 자기 머리털로 그의 발을 씻으니 향유 냄새가 집에 가득하더라. 제자 중 하나로서 예수를 잡아 줄 가룟 유다가 말하되 이 향유를 어찌하여 삼백 데나리온에 팔아 가난한 자들에게 주지 아니하였느냐 하니 이렇게 말함은 가난한 자들을 생각함이 아니요 저는 도적이라 돈 궤를 맡고 거기 넣는 것을 훔쳐 감이러라. 예수께서 가라사대 저를 가만 두어 나의 장사할 날을 위하여 이를 두게 하라. 가난한 자들은 항상 너희와 함께 있거니와 나는 항상 있지 아니하리라 하시니라(요12:1-8).

시몬 집의 잔치(예수의 발 아래 엎드린 마리아 막달레나)
©틴토레토

최후의 만찬

"내가 떡 한 조각을 적셔다 주는 자가 그니라"
예수, 자신을 팔 자로 유다 지목해

우리가 최후의 만찬the last supper이라고 부르는 그 자리는 실제로는 유월절 식사를 나누는 자리였다. 그리고 십자가의 길을 떠나는 예수와 제자들이 작별 인사를 하는 자리였다. 식사 준비는 소박했을 것이다. 당시의 관습이 허용했던 유월절의 양은 생략하고 누룩이 들어가지 않은 빵과 쓴 나물, 포도주 정도가 갖추어졌을 것이다. 식사를 하는 자리에서 예수는 일어나 겉옷을 벗고 수건을 허리에 두르고 제자들의 발을 친히 씻겨주었다. 교회에서 세족 목요일에 서로의 발을 씻겨주는 전통은 여기에서 나왔다. 그가 '너희도 서로 발을 씻겨주라'고 했기 때문이다. 그러나 그것은 형식적인 세족식을 명한 것이라기보다 섬김의 삶을 강조한 말씀이다.

최후의 만찬 ⓒ디르크 보우츠

예수는 식사를 하면서도 여러 가지 교훈을 남겼다. 그리고 전혀 예상 밖의 말을 전했다. "너희 중 하나가 나를 팔리라."고 하면서 누가 그렇게 할지도 알고 있다고 한 것이다. 제자들은 모두 놀랐다. 그들은 모두 예수가 자기들의 왕으로 등극해줄 것을 기대해왔고 그 나라에서 자신들은 어떤 자리를 차지할 수 있을지를 기대해 왔다. 그래서 자리를 두고 다투기도 했다. 그런데 예수는 자신이 당할 수난과 죽음 이야기를 하며 그들을 실망시켰다. 속으로 불만들이 있었으며 때로는 그런 불평을 입 밖으로 내놓기도 했을 것이다. 그래서 그들은 앞 다투어 "저는 아니지요?"하고 확인을 요청했다. 가룟 유다까지 그렇게 물었다고 해도 틀린 말은 아닐지 모른다. 자기 속마음을 숨기기 위해서라도 먼저 그렇게 질문했을지 모른다.

예수의 대답은 바로 주어졌다. "너희 중의 하나 곧 나와 함께 그릇에 손을 넣는 자"가 그렇게 한다는 것이었다. 여기서 그릇이란 소스를 담은 그릇을 의미한다. 소스 담은 그릇을 사람마다 주지 않고 두세 사람이 공동으로 쓰도록 놓았고 빵을 소스에 찍어 먹게 했다. 다시 말해서 옆 자리나 마주 앉은 자리의 사람을 가리키는 것이다. 예수와 바로 그런 위치에 앉아있던 사람은 가룟 유다였다. 그리고 요한복음에서는 좀 더 직접적으로 "내가 떡 한 조각을 적셔다 주는 자가 그니라"고 하고 곧 한 조각을 소스에 적셔서 유다에게 주었다고까지 했다.요 13: 26 평소 유다는 공동의 돈을 관리하는 일을 맡을 만큼 신임을 얻고 있었다. 그런 그가 배신자로 지목된 것이었다. 예수는 자기가 죽어야 한다는 것을 여러 번 밝혔지만 이제 그 과정에 제자 중의 하나인 유다의 배신이 포함된다는 것을 밝혔다. 이미 유다는 그렇게 하기로 하고 돈까지 받아 챙긴 상태였다.

유다, 결국 마음의 시험 이겨내지 못하고 적들에 예수 넘겨
요한, 떡 조각을 받은 후 곧 사탄이 유다의 속에 들어갔다고 기록

요한복음은 떡 조각을 받은 후 곧 사탄이 유다의 속에 들어갔다고 함으로써 마치 그 때 그가 예수를 대제사장들과 서기관들과 장로들에게 넘겨주려는 생각을 하게 되었다고 생각할 수 있는 여지를 만들어준다. 그러나 이 말씀을 통해 사탄이 이전까지는 유다의 곁에 와서 또는 주위를 맴돌면서 그를 움직여 서운함, 분노, 의심을 품게 하고 스승을 배신하려는 마음을 가지게 하였으나 이제 그의 안에 들어가서 그를 완전히 장악하고 그를 종으로 하여 마음대로 조종하게 되었음을 알 수 있다. 어쨌든 그는 곧 바로 나가서 그를 기다리고 있는 사람들에게 이제 그 때가 되었음을 알리고 예수 체포 작전 수행에 돌입했다.

■ 겟세마네

예루살렘 부근에는 올리브에 관련된 지명이 많은데, 이것은 그 지역에 올리브 재배가 널리 행해지고 있어서다. 예수가 십자가에 달리기 전날 밤 간절한 기도를 드리고 자진하여 사로잡힌 곳으로 '겟세마네'의 이름은 영원한 울림을 가진다. 그리스도의 고난의 이야기는 4복음서에 상세히 기록되어 있지만, '겟세마네'의 이름을 명기하고 있는 것은 마태복음과 마가복음뿐이다. 마 26:36, 막 14:32 그것은 기드론을 건너 저편에 있는 동산이며 요 18:1, 감람산에 위치하여 예수가 그곳으로 가서 습관에 따라 기도하던 곳이다. 눅 22:39, 40 아마 이 올리브원은 마가의 어머니 마리아의 소유였을 것이며, 마가는 체포된 예수의 뒤를 따랐다. 그러나 자신이 체포되려하자 도망친 청년이 마가였다고 하는 학자도 있다. 막 14:51, 52 오늘 날 기드론 골짜기를 조금 올라가 감람산의 서쪽 기슭에는 로마 가톨릭, 희랍 정교, 러시아파, 아르메니아파의 각 교회가 제각기 겟세마네교회를 가지고 있다.

예수는 낮이면 성전에서 사람들을 가르치고, 저녁이면 베다니로 돌아가 쉬는 일을 며칠 동안 반복했다. 그러던 어느 날 저녁 그 마을에서 전에 나병환자로 살다가 예수에게 고침 받은 시몬의 집에서 식사를 할 때였다. 나사로의 누이인 마리아가 값비싼 향유를 예수에게 붓는 일이 있었다.[마 26: 6-13; 막 14: 3-9; 요 12: 1-8] 제자 중 어떤 사람[4복음서 기자 중 요한만이 그를 유다라 밝히고 있다]은 그 행동을 보고 낭비라며 책망하였으나 예수는 그것을 자신의 장례를 위한 귀한 일이라고 칭찬하였다. 그리고 드디어 무교절의 첫 날[목요일]이 되어 예수가 지시했던 다락방에서 최후의 만찬 행사를 가졌다.

겟세마네 기도회

예수는 만찬이 끝난 후 여러 말을 전하는 중에 베드로가 그 밤에 자기를 세 번 부인하리라고 예언을 했다. 예수가 "오늘 밤에 너희가 다 나를 버리리라."는 예고를 했을 때 베드로는 "모두 주를 버릴지라도 나는 결코 버리지 않겠나이다."라고 응답했다. 거기에 대해 예수가 베드로의 부인을 예고한 것이다. 예수의 고난이나 수난을 이야기할 때 보통 그가 당한 육체적 고통과 수모를 생각한다. 그러나 육체적 고통보다 더 견디기 힘든 극심한 고통은 심리적·정신적으로 겪은 고통이었을 것이다. 그런 관점에서 이 말을 전하는 예수의 마음을 조금이라도 헤아려볼 필요가 있다. 사랑하는 제자가 등을 돌리고, 혹은 그를 죽이려는 음모에 가담하고 있는 것을 미리 알고 그 진행 과정을 묵묵히 기다려야 하는 마음, 거기다가 가장 믿고 기대했던 베드로마저 자신을 부인할 것을 이미 알고 전하는 그 마음이 얼마나 아팠을지, 추측하기 어렵지 않다. 고립무원孤立無援이란 이럴 때 쓰는 말이 아닐까 싶다.

만찬 후에 예수는 가룟 유다를 제외한 열한 제자와 함께 기드론 시내[골짜기]를 건너 감람산 기슭의 겟세마네라는 곳으로 갔다. 그들이 기도하기 위해서 가끔 모이는 곳이었으므로 유다도 알고 있는 곳이었다. 예수를 죽이려는 자들에게 그를 판 유다 역시 그 날의 일정을 알고 있었을 것으로 보아야 한다. 겟세마네라는 말의 뜻은 '포도즙 짜는 틀'이라는 의미를 갖는다. 그러나 수난

겟세마네 기도를 다룬 그림에서 그리스도
는 언제나 제자들로부터 조금 떨어진 곳에
서 기도를 하며, 천사는 그의 이마에 난 땀
을 닦아주러 오거나, 곯아떨어진 제자들을
굽어보며 깨우려 하고 있다. 화가 보티첼리
는 이 장면을 그리스도의 시련의 시작에 둔
다. 천사는 그를 위로하는 것이 아니라 그에
게 잔을 주고 있다. 그 잔은 다음 날 고난뿐
아니라 바로 그 동산에서 겪고 있는 고뇌도
상징한다.

올리브 산의 그리스도 ©산드로 보티첼리

의 의미를 억지로 붙이지는 말자는 것이 일반적인 생각이나 어떤 사람들은 그것이 피와 땀을 짜내는 간절한 기도를 상징적으로 보여준다고 해석하기도 한다.

기도회라고 이름을 붙이기는 했지만 사실상 기도는 예수 혼자만 했다고 해야 한다. 그는 현장에 도착하자 제자들에게 거기 머물러 있으라고 했다. 예수의 목적은 기도하는 것이었지만 그는 제자들이 그것을 제대로 이해하지 못했으므로 기도해달라고 부탁하지 않았다. 그들은 어떻게 해야 할지 모르면서 그냥 풀밭에 주저앉았다. 아마 곧 잠이 들었을 것이다. 예수는 가장 아끼는 세 제자, 베드로와 야고보와 요한을 따로 불러 데리고 조금 더 나아갔다. 그는 중요한 일이 있을 때마다 이 세 제자만 데리고 갔다. 특히 변화산에 올라 그가 놀라운 모습으로 변형되는 모습을 직접 보고 체험하게 한 이들도^{마 17: 1-13; 막 9: 2-13; 눅 9: 28-36} 그들 세 사람이었다. 그들에게 맡길 사명이 그 만큼 컸다고 이해할 수 있을 것이다. 이미 밤은 깊어가고 있었다. 숲속으로 조금 더 들어가면서 예수는 사랑하는 제자들에게 그 때 그의 심경을 토로해 놓았다. 그때의 모습을 마태복음은 '고민하고 슬퍼하사'라고 했고 마가복음은 '심히 놀라시며 슬퍼하사'라고 했다. 그의 얼굴에 고뇌와 슬픔이 역력히 비치고 있었음을 의미한다.

[여덟 제자와 세 제자에게 각각 요청 달라
베드로, 야곱, 요한에게는 특별히 함께 기도해줄 것 요청]

그 때 그의 심경은 "내 마음이 매우 고민하여 죽게 되었으니 너희는 여기 머물러 나와 함께 깨어 있으라"^{마 26: 38; 막 14: 34}는 말에 고스란히 담겨 있다. 역시 기도하라거나 기도해 달라는 말은 없다. 그에게 기도만큼이나 인간적인 공감과 지원이 절실히 필요했음을 보여주는 대목이다. 그가 인간적인 고뇌로 완전히 지쳐있음을 보여주는 것이다. 맞이할 숙명적인 고난을 앞둔 하나의 인간적인 면모이다. "내 마음이 내 속에서 심히 아파하며 사망의 위험이 내게 이르렀도다. 두려움과 떨림이 내게 이르고 공포가 나를 덮었도다"^{시 55: 4-5}는 시인의 예언적 탄식이 그대로 적용된 장면이기도 하다. 여기에서의 고뇌나

고통은 어디에서 연유하는 것일까? 앞으로 예상되는 육체적 고통에 대한 두려움이 빚어낸 것인가? 앞에서 말한 사랑하는 사람들로부터 당하는 배신과 부인, 그를 홀로 버리고 모두 도망해버릴 그 상황에 대한 두려움일까? 십자가에 달려 죽어야 하는 죽음에 대한 공포가 문제였을까? 우리는 그 정답을 모른다. 그러나 열거한 모든 요인들이 복합되어 그를 슬픔과 고뇌에 빠지게 했다고 보는 것이 가장 합리적인 추측일 것 같다.

예수는 먼저 남겨둔 여덟 제자들에게는 단순히 '내가 저기 가서 기도할 동안에 여기 앉아 있으라'고 했지만 세 제자에게는 '너희는 여기 머물러 나와 함께 깨어 있으라'고 했다.ᵐ 26: 36, 38; 막 14: 32, 34 '여기에 앉아 있으라'와 '여기에 머물라'는 말은 비슷한 의미라 하더라도 '나와 함께 깨어 있으라'는 말은 졸지 말고 계속적으로 정신차리고 있어달라는 간절한 요청이다. '나와 함께'라고 함으로써 그가 홀로 고군분투하는 외로움으로 이해할 수도 있다. '깨어 있으라'는 표현은 졸지 말고 깨어 있어서 그가 하는 기도에 대한 직접적인 증인이 되라는 의미로나, 그를 잡으러 오는 사람들이 왔을 때 놀랄 것에 대비하라는 의미로, 또는 앞에서 언급한 바와 같이 그의 동료로서 그를 홀로 두지 말아달라는 요청 등으로 이해할 수 있다. 그러나 제자들은 그런 예수의 요청을 그대로 이행하지 못했고, 그가 기도하는 중간에 두 번이나 깨웠지만 깨어 있는 데도 실패하였다.

거룩한 변모

어느 날 예수는 열두 제자 중 베드로, 야곱, 요한 세 사람만 데리고 변화산에 올랐다. 갑자기 그들 앞에서 예수의 모습이 변하였다. 얼굴은 빛났고, 옷은 눈 부시게 희었다. 그는 선지자 모세와 엘리야와 이야기를 나누고 있었다. 산을 내려오며 예수는 세 제자에게 단단히 당부했다. 누구에게도 지금 산에서 본 것을 말하지 말라는 것이었다. 이 일화는 그리스도와 하나님과의 거룩한 관계를 확증할 뿐 아니라, 세례요한의 순교와 예수 자신을 기다리고 있는 운명까지 암시하고 있다. 기독교 신학이 이 사건에 부여하는 중요성은 크다.

인류 구원이라는 대업

이 장면에서 누가복음은 "유혹에 빠지지 않게 기도(를 계속)하라"눅 22: 40고 하였다고 기록하고 있다. 주기도문 "우리를 시험에 들게 하지 마시옵고"에서 사용된 말과 같은 말이다. 시험과 유혹은 언제나 경계해야 할 일이지만 제자들에게는 그것이 임박한 문제였었다. 그리고 그것은 실지로 예수가 당면한 문제였다. 사탄은 그의 공생애 초기에 그의 사역의 방향을 바꾸려는 시험을 했었다. 이제 인류구원이라는 대업을 이루어야 하는 자리에서 하나님의 정하신 그 길을 바꾸려는 시험이 닥쳐온 것이었다.

예수는 조금 더 나아가서 ^{돌 던질 만큼} 무릎을 꿇고 기도하였다. 기도의 내용을 총괄하여 간접적으로 표현하면 "될 수 있는 대로 이 때가 자기에게서 지나가기를 구하는"^{막 14: 35} 기도였다. 그리고 구체적으로는 "아빠 아버지여, 아버지께는 모든 것이 가능하오니 이 잔을 내게서 옮기시옵소서. 그러나 나의 원대로 마시옵고 아버지의 원대로 하옵소서"^{막 14: 36}라는 내용이었다. 마태복음과 누가복음은 이 두 가지를 결합시켜 표현하였고^{마 26: 39; 눅 22: 42}, 누가는 간절하게 드리는 그의 기도하는 모습을 "힘쓰고 애써 더욱 간절히 기도하시니 땀이 땅에 떨어지는 핏방울 같이 되더라"^{눅 22: 44}고 했다. 너무 간절한 기도였기에 실핏줄이 터져 땀과 섞여 나왔다고 할 수 있다. 마태와 마가는 동일한 기도를 세 번 반복하였다고 전한다. 모두 그 기도의 간절함을 보여주는 이야기이다. 요한복음은 겟세마네동산에서의 기도 이야기는 생략하고 바로 잡히는 이야기만을 전한다.

'그 때'를 종말론적으로 말했던 예수가 이번에는….

그 기도의 내용을 다시 생각해보면 그는 '아빠 아버지'께 탄원의 기도를 드렸다. 아빠라는 표현은 우리말에서와 같이 가장 친밀한 관계에서의 아버지를 부를 때 사용하는 호칭이다. 바울도 그의 서신에서 하나님을 아빠 아버지라고 부르고 있다.^{롬 8: 15; 갈 4: 6} 그리고 마가는 간접적으로 그 기도 이야기를 할 때 ^{14: 35} '이 때'가 지나가기를 구하는 기도를 했다고 전한다. 그 '때'가 무엇을 의미하는지는 그 뒤를 따르는 장면에서 밝혀진다. "때가 왔도다. 보라. 인자가 죄인의 손에 팔리느니라"^{막 14: 41하-42상}고 하는 부분에서다. 다시 말해서 그 기도를 드리면서 벌써 하나님은 그의 탄원을 들어주지 않으실 것을 알고 있었다. "그러나 그 날과 그 때는 아무도 모르나니 하늘에 있는 천사들도, 아들도 모르고 아버지만 아시느니라"막 13: 32고 말한 예수였다. 그 때를 종말론적으로 말했던 예수가 이번에는 그 때가 왔다고 예언하며 그 때가 지나가기를 위해 기도한 것이다. 그리고 그 때는 구체적으로 그가 겪어야 하는 수난의 때요 죽음의 때를 가리키는 것이다.

마태는 '고민하고 슬퍼하사', 마가는 '심히 놀라시며 슬퍼하사' 체포 전 겟세마네에서의 예수 모습 전해

그리고 그 아버지는 전능하신 하나님이므로 하나님의 뜻에 합당하기만 하면 그 잔을 옮겨달라고 기도하였다. 그 시간에 그의 마음과 생각을 온전히 사로잡고 있는 것은 그 잔이었음을 보여주는 장면이다. 그렇다면 이 잔이란 무엇을 의미하는 것인가? 성경에서 그 말은 하나님이 베푸는 복을 의미할 때도 있지만시 23: 5 대체로 그것은 인간의 죄와 악에 대한 하나님의 진노와 징벌을 상징적으로 표현할 때 사용되었다.시 51: 17; 25: 15 최후의 만찬에서와 여기에서 예수가 말하는 잔은 인류의 구원을 위해서 그가 겪도록 되어있는 고난, 곧 그의 수난이다. 완전한 사람의 모습으로 온 예수는 정말 그 잔을 피하고 싶었을 것이다. 그래서 그 잔을 겪지 않고 구속사업을 이룰 수 있도록 해달라고 탄원의 기도를 한 것이다. 마태복음은 "내 아버지여 할 만하시거든My Father, if it is possible" 26: 39이라고 하고 마가복음은 "아버지께는 모든 것이 가능하오니Abba, Father, all things are possible to you" 14: 36라고 하며, 누가복음은 "아버지여 만일 아버지의 뜻이거든 Father, if you are willing" 22: 4이라고 다르게 표현하지만 그 의미는 동일하다. 그것을 이루는 방법까지도 하나님의 방법이어야지 자신이 원하는 방식이어서는 안 된다는 것을 분명히 밝힌 기도였다.

하나님께서는 이루실 목표만을 정하시는 것이 아니라 그 방법까지도 결정해두신다. 그렇다고 하나님의 섭리의 영역에 속하는 우리의 자질구레한 일상사들까지 하나님께서 결정해두셨다고 하는 것은 도를 넘어선 이해다. 그리고 하나님의 결정은 그 무엇보다도 우선되는 일이다. 누구도, 어떤 일도 그 결정에 반기를 들거나 이의를 제기할 수는 없다. 그리고 그것을 예수는 익히 알고 있었기 때문에 그런 탄원을 드리면서도 하나님의 뜻을 앞세울 수 있었다. 요한이 요한복음에서 그렇게 중요한 겟세마네의 기도를 언급하지 않는 이유도 그보다 먼저 드린 그의 기도에서 찾을 수 있다. "지금 내 마음이 괴로우니 무슨 말을 하리요. 아버지여 나를 구원하여 이 때를 면하게 하여 주옵소서. 그러나 내가 이를 위하여 이 때에 왔나이다"요 12: 27라는 말씀에서 이미 예수는 하나님께서 그의 탄원에도 불구하고 미리 정해두신 구원을 이루는 길을 그대로 지키실 것을 알고 있었던 것이다.

신앙인이 깨어 기도해야 할 이유

마태와 마가는 '동일한 기도를 세 번 반복하셨고, 기도하신 후에는 세 제자들이 있는 곳에 오셔서 잠들어 있는 그들을 깨우셨다'고 전한다. 누가는 '그 기도를 한 번만 하신 것'으로 쓰고 있다. 한 번이든 세 번이든 그가 앞에서 말한 그런 간단한 몇 마디의 기도만을 한 것이라고는 할 수 없다. 아마 같은 내용의 기도를 간절하게 반복하였고, 기도하는 도중에 '제자들에게 두 번 오셔서 그들에게 깨어 기도하라'고 촉구하였다는 것만으로도 이해할 수 있는 장면이다. 제자들은 예수의 그런 뜻을 이해하지 못하고 잠에 빠져들었다. 예수는 그들을 보고 "마음에는 원이로되 육신이 약하도다"마 26: 38라며 그들이 몹시 지쳐 있음을 이해했다. 그는 인간의 약함과 사탄의 악한 계교를 모두 알고 있었다. 신앙인이 깨어 있어 기도해야 할 이유도 여기에 있다. 인간의 약함과 사탄의 악한 계교 때문에 깨어 있어 기도하지 않으면 유혹에 빠지고 시험에 들기 쉬운 것이다. 또 예수도 자신의 육신이 약함을 체험하였다. 그가 죽음의 문턱에 이를 정도로 괴로워한 것이 바로 그것이었다. 그가 간절히 기도한 것도 육신의 약함을 극복하고 맡겨진 구원의 대업을 이루기 위해서였다. 그리고 누가는 그 때 천사가 하늘로부터 내려와 기도하는 예수에게 힘을 더해 주었다고 기록했다. 정말 간절한 기도는 사람의 힘으로 할 수 없음을 보여준다. 아버지 하나님은 예수가 원하는 대로 들어주시지는 않았지만 그의 천사를 보내어 힘을 더해주심으로써 그의 기도에 응답하셨다.

생전 마지막 메시지 '일어나라. 함께 가자'

예수는 조금 더 나아가서 기도하고 제자들이 자는 것을 보게 된다. 누가는 한 번만 그렇게 한 것으로 기록하였고 마가는 세 번째 기도를 언급하지 않고 그냥 세 번째 온 것만 말하며, 마태는 온전히 세 번 가서 기도하고 세 번 제자들이 자는 것을 보았다고 기록했다. 여기에서 그 횟수는 중요하지 않다. 그가 제자들에게 왔을 때 그들이 자고 있었다는 것이 중요하다. 물론 그들이 며칠 간의 강행군으로 지쳐있었고 그 눈이 심히 피곤했다는 것을 이해할 수는 있다고 하더라도 스승 예수가 겪고 있는 힘든 상황을 공감하지 못했다는 것은 분명하다. 오늘을 사는 그리스도인들이 유념할 대목이다.

세 번째 제자들에게 다가온 예수는 "이제는 자고 쉬라. 그만 되었다. 때가 왔도다. 보라. 인자가 죄인의 손에 팔리느니라. 일어나라. 함께 가자. 보라. 나

그리스도를 조롱함 ⓒ프라 안젤리코

유다의 입맞춤 유다는 예수를 둘러 싼 작은 그룹의 회계 역할에 너무 열중했던 것 같다. 아마도 그래서 그는 마리아 막달레나가 그리스도에게 향유를 부었을 때 화를 냈을 것이다. 제자들은 그 향유가 삼백 데나리온은 나갈 것이라고 평가했다. 유다는 그 십분지 일에 자기 스승을 넘겨주겠다고 예루살렘 성전 사제들에게 제안하였다. 밤에 그는 이렇게 말하면서 성전 호위대를 겟세마네 동산으로 인도했다. "내가 입맞춤하는 사람을 붙잡으시오." 그는 예수에게 다가가 키스를 하였고, 이런 대답을 들었다. "친구여, 너는 입맞춤으로 나를 배반하는구나"

를 파는 자가 가까이 왔느니라"마 26: 45-46; 막 14: 41-42고 했다. 자고 쉰다는 말은 우리 성경처럼 명령형으로 이해할 수도 있지만 의문형으로 이해하여 '(아직도) 자고 쉬고 있느냐?'로 읽을 수도 있는 문장이다. 어느 편을 택하든 기도로 준비할 시간은 지났고 다가오는 상황에 당당히 대처해야 함을 보여준다. 그가 죄인의 손에 팔려 그를 죽이려는 사람들의 손에 넘겨지는 때가 되었다. <u>예수가 제자들에게 와서 그들에게 생전에 마지막으로 전한 메시지는 '일어나라. 함께 가자'였다.</u>

그가 당할 수난의 길로 함께 가자는 것이었다. 물론 제자들은 함께 하지 못하고 모두 그를 버리고 도망했다.

잡히다 배신자와 능욕자들에게 '넘겨지고 넘겨진' 인류 구원자

드디어 예수와 그의 제자들이 있는 감람산 기슭 겟세마네 동산으로 검과 몽치로 무장을 한 일단의 무리가 횃불을 밝히고 다가왔다. 대제사장들과 서기관들과 장로들이 보낸 무리였다. 맨 앞에는 배신자 가룟 유다가 그 무리를 안내하여 현장에 나타났다. 누가복음은 그 무리 중에 대제사장들과 성전의 경비대장들과 장로들도 함께 있었다고 전한다. 아마 모두 왔다기보다 일부가 그 무리와 함께 왔다고 할 수 있을 것이다. 그리고 요한복음은 그를 잡으러온 무리 중에 로마군대가 체포조로 합류하여 왔다고 했다.

체포조와 함께 나타난 유다

깊은 밤 어스름 달빛 아래 숲속에서 유다는 예수를 확실하게 잡을수 있도록 돕기 위해 그 무리에게 자기가 가서 입을 맞추며 인사하는 사람을 잡으면 된다고 미리 약속하고 예수와 일행에게 다가가서 예수에게 입을 맞추었다. 입

예수는 항변했다

성전 경내에서 사람들을 가르칠 때 잡지 않고
예수를 추종하는 사람이 폭동을 일으킬지 모른다는 우려 때문에
사람들 모르게 그를 잡으려 한 저들의 비굴함을 폭로한 것이다.

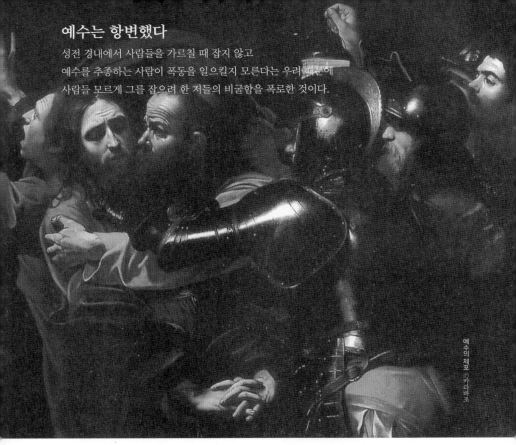

예수의 체포 ©카라바조

예수의 체포 같은 상황을 그린 다른 그림. 카라바조의 <예수의 체포>다. 뻔뻔한 얼굴로 입을 들이미는 유다에 비해, 예수의 얼굴에는 분노 대신 슬픔이 가득하다. 한 인간의 어리석음에 대한 염려와 안타까움…. 예수는 반항이나 거부가 이미 의미 없음을 알고, 두 손을 깍지 낀 채로 서 있다. 카라바조는 그림 속 두 주인공, 즉 예수와 유다의 얼굴에 관객의 시선을 집중시키기 위해 환한 빛과 더불어 펄럭이는 옷자락을 배경으로 삼았다. 갑자기 들이닥친 병사들이 스승을 체포하자 혼비백산 달음박질을 하는 예수 뒤편의 사나이를 예수의 애제자 요한이라고 보는 이도 있지만 정확하지는 않다. 예수의 얼굴을 잘 알아보게 하기 위해 오른쪽 귀퉁이의 한 남자가 램프를 들고 서 있다. 이 잘생기고 냉랭한 남자는 바로 화가 자신이다.

맞춤으로 하나님의 아들을 죽음에로 넘겨준다는 것은 하나의 역설적 이야기라고 할 수 있을 것이다.

이런 체포 과정에서 하나의 사건이 발생하였다. 베드로가 칼을 가지고 있다가 예수 체포를 위해 다가서는 대제사장의 종 말고라는 사람의 귀를 베어버린 일이었다.요 18: 10 예수는 칼을 거두라고 하고 떨어진 말고의 귀를 바로 만져 고쳐주었다. 그리고 "네 칼을 칼집에 도로 꽂아라. 칼을 쓰는 사람은 모두 칼로 망한다. 너희는, 내가 나의 아버지께, 당장에 열두 군단 이상의 천사들을 내 곁에 세워 주시기를 청할 수 있다고 생각하지 않느냐? 그러나 그렇게

"내가 그다!"

요한복음에서는 예수가 그를 잡으러 온 무리에게 '너희가 누구를 찾느냐?' 고 두 번에 걸쳐 묻는 장면이 나온다. 그들이 '나사렛 예수'를 찾는다고 하자 예수는 '내가 … 그니라$^{I\ am\ he}$'고 한다. 그 말을 듣고 그들은 한 걸음 물러서면서 땅에 엎드러졌다.

요한과 베드로, 무리에 잡혀 호송되어가는 예수를 멀찍이 따라가
다른 제자들의 이야기는 당분간 그 자취 찾을 수 없어

'나는 이다$^{I\ am\ …}$'는 표현은 요한복음에서 즐겨 쓰는 표현으로 '스스로 있는 자$^{I\ am\ who\ I\ am}$'라는 하나님의 이름을 반영하는 표현이다. 이어서 그는 "너희에게 내가 그니라 하였으니 나를 찾거든 이 사람들의 가는 것을 용납하라"고 하며 제자들이 도망할 수 있는 길을 열어주었다.$^{요\ 18:\ 4-9}$ 다음 장면에서 예수가 잡히고 제자들은 모두 도망해버렸다. 베드로와 요한은 무리에 잡혀 호송되어가는 예수를 멀찍이 따라갔다는 것이 복음서 기록으로 전하지만 다른 제자들의 이야기는 당분간 그 자취를 찾을 수가 없다. "누구든지 나를 따라오려거든 자기를 부인하고 자기 십자가를 지고 나를 따를 것이니라"$^{마\ 17:\ 24}$고 가르친 제자의 길을 가는 데 그들은 모두 실패한 것이었다. 그러나 베드로가 멀찍이 따랐다는 것은 중요하다. 따르는 것과 도망하는 것은 전혀 다른 길이지만 멀찍이 따르는 것은 정도상의 차이라고 할 수 있기 때문이다.

예수는 자기에게 닥쳐올 일을 모두 알고, 앞으로 나서서 그들에게 물었다. "너희는 누구를 찾느냐?" 그들이 대답하였다. "나사렛 사람 예수요." 예수가 그들에게 말하셨다. "내가 그 사람이다." 예수를 넘겨줄 유다도 그들과 함께 서 있었다. 예수가 그들에게 "내가 그 사람이다" 하고 말하니, 그들은 뒤로 물러나서 땅에 쓰러졌다. 다시 예수가 그들에게 물었다. "너희는 누구를 찾느냐?" 그들이 대답하였다. "나사렛 사람 예수요." 예수가 말하였다. "내가 그 사람이라고 너희에게 이미 말하였다. 너희가 나를 찾거든, 이 사람들은 물러가게 하여라." 이렇게 말한 것은, 예수가 전에 '아버지께서 나에게 주신 사람을, 나는 한 사람도 잃지 않았습니다' 한 그 말을 이루려는 것이었다.$^{요\ 18:\ 4-9\ 새번역}$

되면, 이런 일이 반드시 일어나야 한다고 한 성경 말씀이 어떻게 이루어지겠느냐?"^{마 26: 52-54 새번역}며 이제 시작되는 자신의 수난을 통해 인류를 구원으로 인도하는 구속사업이 이루어질 것을 다시 한 번 확인하였다. 이 모든 일련의 일들은 이 전에 선지자들이 예고한 하나님의 뜻을 성취하는 과정이었다. 예수는 그를 잡으러온 대제사장들과 성전 경비대장들과 장로들에게 항변했다. '이렇게 잡으러온 것이 불필요한 일이 아니냐?'는 것이었다. 그가 성전 경내에서 공공연히 사람들을 가르쳐 왔으므로 왜 그때 잡지 않았느냐는 지적이었다. 물론 그들은 예수를 추종하는 사람이 너무 많았으므로 그들이 폭동을 일으킬지 모른다는 우려 때문에 사람들 모르게 그를 잡으려 했을 것이다. 그가 무력을 통한 저항에 부정적으로 반응하면서 던진 논리적인 항변이자 저들의 비굴함을 폭로한 것이었다. 사회적 불의에 대한 예수 그리스도의 한 면을 보여주는 장면이다.

가야바Caiaphas

예수를 심문한 대제사장이다.^{요 18:14~} 그의 본래 이름은 요셉이라고 한다. 전 대제사장인 안나스의 사위^{요 15:13로} 주후 18~36년까지 재직하였다. 그의 민첩함과 음모적 지력은 요한복음 11: 49 이하에 잘 나타나 있다. 즉, 그는 "한 사람이 백성을 위하여 죽어서 온 민족이 망하지 않게 되는 것이 너희에게 유익한 줄을 생각지 아니하는도다"라고 공회에서 예언적으로 말했다. 대제사장과 장로들이 예수를 체포하여 죽일 것을 꾀한 공회의 회의를 주장했다.^{마 26:3} 그는 예수를 빌라도 총독에게 가기 전에 공회에서 심문했다.^{마 25:57, 요 18:13} 예수를 죽일 죄인이라고 억지 판결을 한 다음, 그 집행을 빌라도에게 구한 것은 국민의 우두머리로서 그의 공무상 의무였기 때문이다.^{마 26:57~, 요 18:24, 28} 그의 재등판은 사도행전에서다. 예수의 부활 후에 그는 베드로, 요한의 전도를 방해하며 막으려 했지만 뜻을 이루지 못하고 계속 핍박했다.^{행 4:6, 7, 21} 대제사장 안나스와 가야바와 요한과 알렉산더 및 대제사장의 문중이 다 참여하여 사도들을 가운데 세우고 묻되 너희가 무슨 권세와 누구의 이름으로 이 일을 행하였느냐^{행 4:6-7} 그는 파직당했다고 전한다.

공회 앞에 선 예수

당시는 이스라엘 전역이 로마제국의 식민 지배를 받고 있던 때였으므로 유대인들의 최고 의결기구 겸 사법권까지 행사하던 산헤드린 공회도 최종적으로는 로마 총독의 관할권 아래 있었다. 그러나 일단 체포된 예수는 먼저 이전 대제사장이었던 안나스에게로 연행

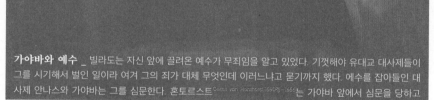

"당신이 그 축복받은 그리스도인가?
메시아인가?"

가야바와 예수 _ 빌라도는 자신 앞에 끌려온 예수가 무죄임을 알고 있었다. 기껏해야 유대교 대사제들이 그를 시기해서 벌인 일이라 여겨 그의 죄가 대체 무엇인데 이러느냐고 묻기까지 했다. 예수를 잡아들인 대사제 안나스와 가야바는 그를 심문한다. 혼토르스트 Gerrit van Honthorst 1590경 - 1656는 가야바 앞에서 심문을 당하고 있는 예수의 모습을 그렸다. 가야바는 유대 대사제답게 모세의 율법서를 앞에 놓고 그의 죄를 추궁한다. 당신이 그 축복받은 그리스도인가, 혹은 당신이 메시아인가? 하는 말에 아마도 예수가 그렇다고 짧게 답하고 있는 듯하다. 늠름하고 당당한 예수의 표정에는 어떤 두려움도 보이지 않는다. 이들은 예수를 그 지역을 통치하고 있는 로마 총독, 빌라도에게 보냈다. 성서에는 그를 처형할 마땅한 죄목을 찾지 못해서라고 적혀 있다. 이 지역은 로마제국의 권한 안에 있는 만큼 사형 집행권은 로마 총독에게 있었다. 빌라도는 이런 일에 말려드는 것 자체가 꺼림칙했다. 그러나 이미 대사제들이 군중을 선동해 놓은 터, 한결같이 예수의 십자가 처형을 요구하기에 이른다. 집단의 힘은 강하고, 때로는 너무 우매하다. 결국 빌라도는 예수를 병사들에게 넘긴다. 성서에 의하면 빌라도는 세 번이나 예수의 죄를 모르겠노라고 말했다.

되었다. 당시 대제사장 가야바의 장인으로 현직에서 물러났지만 그만한 권위를 누리고 있었음을 보여주는 대목이다.^{요 18: 12-14} 그는 다른 배석자 없이 혼자 심문을 했을 것이다. 그것은 유대 전통에서는 금지되어 있는 일이었다.

예수를 잡아온 사람들은 이어 그를 가야바에게로 끌고 갔다. 복음서 기록에 의하면 베드로와 요한이 이 부분에 등장한다. 예수의 두 제자는 가야바의 집에 갔을 때 예수를 체포하여 끌고간 무리의 뒤를 멀찍이 따라갔다. 요한은 평소에 대제사장의 집과 교분이 있어서 쉽게 그 집으로 들어갔지만 베드로는 요한의 도움을 받아서 그 뜰로 들어갈 수 있었다. 어렵게 들어갔지만 베드로는 그를 예수의 제자라고 말한 사람 앞에서 예수를 세 번에 걸쳐 모른다고 부인했다. 예수의 예고대로였다. 베드로의 부인이 안나스의 집에서였는지 아니면 가야바의 집에서였는지는 분명하지 않다. 복음서가 모두 베드로의 부인

"그 순간 닭이 울었다"

최후의 만찬에서 예수는 제자들에게 말했다. "오늘 밤 너희는 모두 나를 버릴 것이다." "저는 결코 주님을 떠나지 않을 겁니다." 베드로가 말했다."진실로 네게 할하는데, 바로 오늘 밤, 새벽닭이 울기 전에 너는 나를 세 번이나 모른다고 할 것이다." 베드로는 그 말을 믿지 않았다.사실 베드로가 예수를 잡아가는 무리들을 멀리서 쫓아갔던 것은 그의 충성심 때문이었다. 그들이 가야바의 집으로 들어가자, 베드로는 그 집 하인과의 친분을 이용하여 뜰 안으로 들어가 사태를 지켜보았다. 그런데 마당에 피워 놓은 숯불 옆에서 불을 쬐고 있던 하녀 하나가 베드로를 알아보고 "당신도 갈릴리인 예수와 함께 있지 않았소?"라고 물었다. 그러자 "무슨 말을 하는지 모르겠소"하고 베드로는 대답했다. 다른 하녀 하나가 한술 더 떴다. "맞아요, 이 사람도 나사렛 예수와 함께 있었어요!" 베드로는 강력하게 부인하였다. "나는 저 사람을 모르오" 그러나 그가 예루살렘 같은 큰 도시 사람에게는 사투리로 들리는 갈릴리 억양으로 말하니까, 다른 사람들도 그를 의심하였다. 베드로는 맹세까지 해가며 세 번째로 부인했다. "나는 저 사람을 몰라요!" 바로 그 순간 닭이 울었다. 베드로는 예수가 했던 말을 기억하고는 쓰리게 울며 밖으로 뛰쳐나갔다. 여자들, 무장한 남자들, 그리고 수세에 몰린 베드로, 복음서가 전하는 이 장면은 극적인 구성을 가능하게 한다. 때로는 고대 스타일로 때로는 화가 시대의 모습으로 얀 민제 몰레나르는 이 장면을 17세기 네덜란드의 여인숙에 옮겨 놓았다. 하지만 베드로는 여전히 복음서 속의 그 제자, 늘 감정이 앞서는 그 제자다.

이야기를 전하지만 그 시간과 장소에 관해서는 일치하지 않기 때문이다. 베드로의 부인은 예수가 예고한 대로 세 번 있었고, 처음 그에게 '당신도 그 제자가 아니냐?'고 물은 것이 여종 중의 한 사람이었다는 것은 공통적이다. 닭 울음소리에 베드로가 자신의 과오를 깨닫고 통곡하는 것까지는 공통되지만 마가복음은 그것이 두 번째 닭 울음이라고 하여 차이를 보인다. 그러나 그런 차이는 큰 문제가 되지 않는다. 본문이 전하려는 메시지가 중요하기 때문이다. 하나님은 베드로를 위하여 닭을 준비하셨고 그 시간에 울게 하셨다. 안나스의 심문이 얼마나 오

참회하는 베드로.
무심하게 놓인 닭 한 마리와 그 앞에 두 손을 모으고 있는 베드로의 슬픈 표정은 매일 마시는 공기에 감사할 줄 모르듯, 늘 함께하는 하나님의 사랑을 부정하ㅍ고 살아가는 우리네 모습처럼 쓸쓸하다.

래 계속되었는지에 관해서도 확실한 대답을 내놓을 수 없다. 그런 과정을 겪으면서 시간이 상당히 흘렀다는 것은 예측할 수 있다.

예수 죽이려 절기 전야에 불법회의 소집

　가야바는 공회의 의장으로서 이미 심야회의를 소집해둔 상황이었다. 공회원들 모두 참석하지는 못했어도 당면한 문제를 처결하는 데는 어려움이 없을 정도로 회원인 전직 대제사장들과 장로들과 서기관들이 모여 있었다. 그러나 그 회의는 불법적인 모임이었다. 원래 공회는 밤에 소집할 수도, 더구나 절기 전야에는 그런 회의를 소집하여 모일 수 없었기 때문이다. 예수를 공회 앞에서 공식적으로 심문을 받게 하려 했을 것이다. 때는 새벽이 가까워오는 시각이었다.

　공회 앞에서의 심문은 계속되었다. 사형 판결을 하기 위해서는 두 사람 이상의 일치된 증언이 필요했다.[신 19: 15] 증인으로 나서는 사람들에게는 진실을 말할 기회를 주지 않

판정의 요건

"어떤 잘못이나 어떤 범죄라도, 한 사람의 증언만으로는 판정할 수 없습니다. 두세 사람의 증언이 있어야만 그 일을 확정할 수 있습니다."(신 19: 15 새번역).

았고, 예수를 변호하는 증언은 더더욱 요구되지 않았다. 따라서 그를 편드는 증언은 한 마디도 나오지 않았다.

　　그를 정죄하는 증언이 계속되었다. 그러나 일치된 증언은 쉽게 나오지 않았다. 그 증언들이 거짓 증언임이 분명했지만 공회는 그 거짓 증언을 하는 사람들에게 아무런 질책도 하지 않았다. 율법에 따르면 거짓 증언을 하여 다른 사람을 모함한 것으로 판명되면 그에게 죄를 뒤집어 씌워 상대에게 끼치려고 꾀한 그대로 그에게 벌을 가해야만 하는 것이었는데도 말이다.

> **"네가 하나님의 아들 그리스도냐?"라고 물어 "내가 그니라"는 대답 받아낸 후 신성모독죄로 몰고 가 사형 결론을 내려놓고 진행한 모든 과정이 불법적**

> "남에게 죄를 뒤집어 씌우려는 나쁜 증인이 나타나면, 소송을 하는 양쪽은 주님 앞에 나아와, 그 당시의 제사장들과 재판관 앞에 서서 재판을 받아야 합니다. 재판관들은 자세히 조사한 뒤에, 그 증인이 그 이웃에게 거짓 증언을 한 것이 판명되거든, 그 증인이 그 이웃을 해치려고 마음 먹었던 대로 그 이웃에게 갚아 주어야 합니다. 그래서 당신들 가운데서 그런 악의 뿌리를 뽑아야 합니다. 그러면 남은 사람들이 이 말을 듣고 두려워하여서, 이런 악한 일을 하는 사람이 당신들 가운데서 다시는 생기지 않을 것입니다. 당신들은 이런 일에 동정을 베풀어서는 안 됩니다. 목숨에는 목숨으로, 눈에는 눈으로, 이에는 이로, 손에는 손으로, 발에는 발로 갚으십시오."(신 19: 16-21 새번역).

　　오히려 그 증언들이 거짓 증언임을 알면서도 대제사장은 그것을 이용해 예수를 올무에 걸려들게 하려고 했다. 그런 증언들에 대한 해명을 해보라는 것이었다. 예수가 아무런 해명도 대답도 하지 않고 침묵을 지키자 대제사장은 질문을 통해 꼬투리를 잡아서 그의 대답을 받아내려고 했다. "네가 하나님의 아들 그리스도냐?"라고 물어 "내가 그니라 I am."는 대답[막 14: 62]을 받아내고 그것으로 신성모독죄[blasphemy]로 몰고 갔다. 신성모독죄는 명백히 하나님의 이름을 함부로 부르고 이용했을 때 적용하는 죄다.[레 24: 11]

재판을 진행하고 있는 그들 스스로 증인이 된 것도 논리적으로 맞지 않았다. 재판장 역을 한 대제사장이 증언을 하고 다른 재판원^{공회원}들이 그 증언에 동의하는 형식의 증언 채택이었던 것이다. 밤에 열리는 공회 자체가 불법이었으므로 그들은 판결만이라도 날이 밝은 뒤에 내리려고 시간을 끌었다. 중대한 사건은 당일에 종결 판결까지 할 수 없는 것이므로 전 날 밤에 시작된 체포와 심문 과정을 거쳐 재판의 결과로 나올 판결은 날이 밝은 뒤에 발표했다. 그 판결의 결과는 사형에 해당되는 죄라는 것이었다.^{막 14: 64} 그런 모의가 이뤄지는 동안 예수에 대한 비방과 모욕, 주먹질까지 행해졌다. <u>그 밤에 예수를 죽여야 한다는 결론을 내려놓고 진행한 재판은 그 절차나 과정, 내용까지 전반적으로 모든 일이 불법적이었다.</u>

"죄 없는 자가 먼저 돌로 치라!"

예수가 예루살렘 성전에서 가르치고 있을 때, 바리새인들과 율법학자들이 간통 현장에서 붙잡은 여인. 그러니까 모세의 율법에 의하면 돌로 쳐 죽일 수 있는 여인을 데려왔다. "그래, 당신은 뭐라고 하겠소?"하고 그들이 물었다. 그것은 그를 시험에 빠트리려는 수작이었고, 그를 윽박질러 그의 가르침이 실제로 어디까지 미치는지 분명히 하려는 것이었다. 그가 진정 율법에 합당하게 행하는지 알아보려는 것이었다. 그 사건에 아무 관심이 없는 듯이 예수는 손가락으로 땅바닥에 무엇인가를 쓰고 있었다. 사람들이 자꾸 대답을 요구하니 그는 눈을 들어 이렇게 말하였다. "너희들 가운데 한 번도 죄를 지은 적이 없는 자가 먼저 돌을 던져라." 그리고는 그는 다시 흙에다 쓰기 시작하였다. 하나 둘, 가장 나이 많은 자들부터 시작해서 유대인들이 물러가기 시작했다. 여자와 함께 홀로 남은 예수가 물었다.

"아무도 너를 단죄하지 않았는가?"
"아무도 하지 않았습니다. 주님."
"나도 너를 정죄하지 않는다. 가라. 그리고 더는 죄짓지 마라."

빌라도의 법정에 선 예수

사형에 해당되는 사안이라고 판결을 내렸지만, 당시 공회를 포함한 유대인들에게 사형을 집행하는 권한은 허용되지 않았다. 그래서 그들은 유대 지역을 통할하는 당시의 로마 총독 빌라도에게로 예수를 호송해갔다. <u>물론 간음하다가 현장에서 잡혀온 여인을 돌로 쳐서 죽이려 한 사건^{요8: 1-11}이나 스데반을 총독의 제가 없이 유대인들의 사형법에 따라</u>

<u>돌로 쳐서 죽인 사건^{행 7: 54-60}처럼 유대인들이 자기네 종교 문제를 자기들 방식에 맞게 사형집행을 해도, 보통은 총독부에서 크게 관여하지 않았다.</u> 그러나 예수의 경우는 예외였다. 그를 추종하는 무리의 규모가 컸으므로 잘못 처

손을 씻는 빌라도 ©후안 코레아 데 비바르

유다 사마리아 에돔을 다스린 로마의 다섯 번째 총독^{주후26-36}
빌라도^{Pilate뜻} : 창을 가짐는 창을 잘 쓴다 하여 빌라도라 불렀다.
그는 로마 군대를 예루살렘의 헤롯 궁으로 옮겼으며, 예루살렘
에 황제 화상이 있는 군기를 걸고 경배케 하였고, 유대인과 사
마리아인을 학살했다. 그의 제일 큰 과오는 예수를 못 밖은 일
이 었다. 예수는 산헤드린의 밤 회의에서 결박했으나 사형권은
총독인 그에게 있었다. 그는 고소 사실을 변명하지 않는 예수를
이상히 여겼다.^{막 15:5} 해서 예수가 갈릴리 사람이므로 그를 부
봉왕 헤롯에게 보냈다.^{눅 23:7} 그러나 헤롯은 예수를 다시 빌라
도에게 돌려 보냈다.^{눅 23:6-12} 빌라도는 유월절 특사로 예수를
석방하려 했으나 군중의 동요를 두려워 하여 아내의 경고에도
불구하고 사형 선고를 내려 죽게 했다.^{마 27:19} 누가에 의하면 그
는 예수가 유대인의 왕임을 공공연하게 용인했다.^{눅 23:3}

리하려다가 도리어 대제사장들과 장로들이 군중들로부터 역풍을 맞을지도 모를 우려가 있었다. 총독의 이름으로 처리하려는 데에는 메시아를 죽인 혐의에서 벗어나려는 의도가 숨겨져 있었다.

그들은 예수가 위험한 인물이라는 점을 부각시키기 위해 결박한 그대로 끌고 가 빌라도에게 넘겨주었다. 이 일련의 흐름은 예수가 이미 예고한 일을 그대로 이루어가는 과정이었다. 그의 일행이 예루살렘으로 올라올 때 예수는 "보라. 우리가 예루살렘으로 올라가노니 인자가 대제사장들과 서기관들에게 넘겨지매 그들이 죽이기로 결의하고 이방인들에게 넘겨주겠고"^{막 10: 33}라고 했던 것이다. 그가 먼저 대제사장들과 서기관들이 주도한 공회에서 사형 판결을 받고 빌라도에게 넘겨졌으며 빌라도는 그를 로마 군인들에게 넘겨주어 십자가형을 집행하게 했으니 이방인들이라는 복수 표현도 그대로 이루어졌다. "넘겨준다"는 표현이 반복 사용된 것도 흥미로운 일 중의 하나이다. <u>가룟 유다는 그를 유대인들의 지도자들에게 넘겨주었고, 그들은 빌라도에게 넘겨주었으며, 그는 예수를 십자가에 못 박히도록 군인들에게 넘겨주었으니 메시아를 죽이는 일에 이렇듯 많은 사람들이 직접 관여한 것이다.</u>

빌라도는 로마 황제가 유대 지역을 직접 통치하기 위하여 파견한 총독이었다. 로마는 이전에는 헤롯 왕가를 통해 통치했었다. 예수가 탄생할 때는 대헤롯^{Herod the Great}이 다스렸고, 그가 죽고 그의 아들 헤롯 아켈라오^{Herod Archelaus}가

유대 지방의 왕이 되어 AD 6년까지 다스렸다. 바로 그 때부터 유대 지방만은 총독 통치로 바뀌어 AD 66년까지 유지되었다. 유대 지방은 헤롯 아그립바Herod Agrippa가 팔레스타인 지역 전체를 다스리던 시기AD 41-44를 중간에 두고 그 앞뒤에 총독 통치를 한 것이다. 예수의 수난 이야기에 등장하는 헤롯왕은 대헤롯의 다른 아들로 그가 죽은 뒤 갈릴리 지방의 분봉왕으로 책봉된 헤롯 안디바Herod Antipas였다. 그는 세례요한을 죽인 뒤에 예수에 관한 소문을 듣고 혹시 자기가 죽인 세례 요한이 다시 살아난 것이 아닌지 의심하여 예수에게 큰 관심을 가지고 있었다. 아이러니하게도 그는 예수가 수난의 길을 걸을 때 예루살렘에 와서 헤롯 궁에 거하고 있었다. <u>빌라도는 예수를 심문하다가 예수를 죽이는 책임을 모면하거나 나누어질 생각으로 그를 헤롯에게로 보냈다.</u> 그러나 그는 예수에게서 자신이 기대하던 것, 곧 무슨 이적을 보지 못했다며 빌라도에게 다시 돌려보냈다. 그는 처음부터 예수를 심문해서 혐의를 찾아낼 생각이 없었던 것이다.

빌라도가 이 말을 듣고서 물었다. "이 사람이 갈릴리 사람이오?" 그는 예수가 헤롯의 관할에 속한 것을 알고서, 예수를 헤롯에게 보냈는데, 마침 그 때에 헤롯이 예루살렘에 있었다. 헤롯은 예수를 보고 매우 기뻐하였다. 그는 예수의 소문을 들었으므로, 오래 전부터 예수를 보고자 하였고, 또 그는 예수가 어떤 기적을 일으키는 것을 보고 싶어 하였다. 그래서 그는 예수께 여러 말로 물어 보았다. 그러나 예수께서는 그에게 아무 대답도 하지 않으셨다. 그런데 대제사장들과 율법학자들이 곁에 서 있다가, 예수를 맹렬하게 고발하였다. 헤롯은 자기 호위병들과 함께 예수를 모욕하고 조롱하였다. 그런 다음에, 예수에게 화려한 옷을 입혀서 빌라도에게 도로 보냈다. 헤롯과 빌라도가 전에는 서로 원수였으나, 바로 그 날에 서로 친구가 되었다(눅 23: 6-12 새번역).

유대 종교지도자들의 정치적 이권 문제로 엉뚱한 인물이 방면
예수와 함께 못 박힌 두 강도의 두목 바라바가 풀려나

빌라도는 예수를 결박하여 끌고 온 사람들을 보고 그가 흉악범이 아니라 유대교 지도자들과의 종교적 문제로 갈등이 있었고, 그들이 민심의 향배 때문에 시기심으로 그를 죽이려한다는 것을 처음부터 간파했다. 그래서 이 사태를 무죄 방면 또는 태형 정도로 종결지으려고 했다. 그의 아내도 꿈 이야기를 하며 선처를 부탁했으므로^{마 27: 19} 유월절의 전례前例에 따라서라도 그를 방면하려고 했다. 그러나 그를 넘긴 사람들이 강경했다. 예수를, 민중을 선동하여 정치적 혁명을 꾀하는 인물로 몰아갔다. 반역죄에 해당하니 사형에 처해야 한다는 요구가 집요하게 들어왔다. 빌라도는 예수를 십자가에 못 박도록 언도하고 군인들의 손에 넘겨주었다. 그 과정에서 전혀 뜻밖의 사람이 방면되었다. 이미 재판 과정을 모두 거쳐 사형 판결을 받고 집행을 기다리고 있던 바라바라는 흉악범이었다. 아마 예수와 함께 못 박힌 강도 두 사람의 일당으로 그 두목이었을 것이다. 흉악한 강도 두목이 유대 종교지도자들의 정치적 이권 문제로 인해 아무 조건도 없이 그냥 풀려난 것이다.

빌라도는 어디에서 예수를 심문했을까? 공관복음서들은 모두 많은 사람들이 보는 자리, 곧 대제사장들과 장로들과 서기관들, 한 무리의 사람들이 모인 빌라도의 관정 바깥 뜰에서 예수를 심문한 듯 기록하고 있다. 예수는 공개적인 심문 자리에서는 총독의 질문에 답하지 않고 침묵을 지켰다고 전한다. 그리고 사형선고가 나고 채찍질을 한 뒤에 총독의 군병들이 그를 관정 안으로 데리고 들어가서 모욕을 퍼부은 것으로 되어 있다. 그러나 요한복음은 다르다.^{18: 28 이하} 그들은 처음부터 관정 안뜰, 즉 브라이도리온^{the Praetorium}으로 예수를 끌고 가 사람들이 없는 자리에서 빌라도의 심문을 받게 했다. 유대인의 무리는 유월절을 부정하지 않게 지키려고 관정 바깥 뜰에서 기다렸다는 것이다.

구레네 시몬

알렉산더와 루포의 아버지인 구레네 사람 시몬은 예수의 십자가를 억지로 지고 골고다로 따라간 인물이다. 그가 억지로 예수의 십자가를 운반한 것은 예수의 수고를 덜어준 일이라고 해석할 수 없다. 왜냐하면 예수는 하나님이니 하나님이 사람에게 도움을 받을 일이 없으며, 예수의 속죄 성업의 수고는 오직 그가 홀로 할 수 있는 일이고, 다른 사람은 누구나 죄인이므로 이 일에 동참할 수 없기 때문이다. 시몬이 예수를 도운 것이 아니라 예수를 십자가에 못 박으려는 무리들의 하는 일들에 억지로 동참하였던 것뿐이다. 그의 부친 알렉산더를 사도행전 19:33, 디모데전서 1:20, 디모데후서 4:14 등에 나오는 동명의 알렉산더와 동일인이라고 하는 것은 단순한 추론이다.

십자가의 길

"나를 위하여 울지 말고 너희와 너희 자녀를 위하여 울라"

모욕하며 조롱하는 사람들 틈에서 우는 여인들 향해 닥칠 재난 경고한 예수

예수를 넘겨받은 군병들은 일종의 군중심리에 휩쓸리어 그를 비방하고 채찍질했다. 그의 옷을 벗기고 왕의 의복 색깔을 상징하는 자색 옷을 입혔으며, 머리에는 왕의 면류관을 상징하기 위해 가시를 엮어 씌웠다.

그리스도의 옷을 벗김

예수는 결국 십자가를 지고 골고다 언덕으로 향한다. 구약에서 일어난 원죄의 고리는 예수가 십자가에 매달려 처형당함으로써 비로소 끊겼다.

많은 화가들이 골고다로 끌려가는 예수의 모습을 그렸지만, 엘 그레코만큼 멋들어지게 그린 이도 드물다. 손은 밧줄에 감겼지만, 예수의 시선은 하늘을 향했다. 붉은색 옷을 입은 그에게서 누구도 범접할 수 없는 온유한 카리스마가 느껴진다. 엘 그레코는 인체를 위아래로 잡아 늘인 듯 길쭉하게 그렸다. 아마도 그 때문에 예수의 당당함이 더욱 효과적으로 전해진다.

채찍질

빌라도가 명한 벌은 채찍질뿐이었다. "그를 채찍질한 뒤 풀어주겠소"라고 그는 사제들에게 말하였다. 어떤 주석가들은 빌라도가 진짜 형벌, 즉 십자가형을 당하는 시간을 줄여주기 위해 의도적으로 이 예비 형벌을 주었으리라고 상상하기까지 하였다. 미리 예수의 신체 기관을 약하게 만들기 위한 방편으로 말이다. 하지만 그것은, 복음사가들이 전하는 바, 그 로마 총독이 예수의 형을 경감해주기 위해 실제로 기울인 노력에 근거를 두고 하는 추측일 뿐이다. 어쨌든 여기 보이는 알론소 카노의 작품과는 대조적으로, 회화적 전통은 끔찍한 고문이라는 또 다른 해석을 더 자주 표현해왔다.

©알토니 반 데이크

가시관을 쓴 예수

반 데이크Anthony van Dyck, 1599-1641가 그린 예수 조롱 장면은 보는 이들의 가슴을 저리게 한다.

예수의 벗은 발에 피가 떨어지고 그를 옭아매고 있던 밧줄에는 선혈이 낭자하다. 반 데이크는 복음서에 적힌대로 "가시로 왕관을 엮어 머리에 씌우고 오른손에 갈대를 들린 다음 그 앞에 무릎을 꿇고 "유다인의 왕 만세!"하고 떠들며 조롱마27:29하는 병사들의 모습을 그려놓았다. 웃통을 멋어젖힌 한 남자가 예수의 손에 갈대를 꽂고, 갑옷을 입은 남자는 예수의 머리에 가시면류관을 씌운다. 맨오른쪽 남자가 무엇인가를 지껄이고 있는 것 같은데, 보나마나 험한 욕지거리였을 것이다. 그림 왼쪽 창문 너머에서 이 장면을 지켜보는 사람들도 있다. 저 사람 좀 보라며 수군거리고 있는 것 같다.

가시관을 씌우다

로마 병사들은 자기들이 넘겨받은 이 '왕'에게 왕관을 씌워주기로 하였다. 그래서 그들은 가시관을 엮어 예수의 머리에 씌웠다.

의도적인 고문은 아니었다. 복음서에 의하면 병사들은 가시관을 그의 머리에 그저 '얹어 놓았다'고 되어 있다.

여러 세기에 걸쳐 설교자들과 화가들을 여기서 보는 후안 코레아 데 비바르의 작품에서처럼 이 일화를 십자가 고통의 전주곡으로 취급하였다. 그림 속에서 병사들은 막대기를

©후안 코레아 데 비바르

가지고 난폭하게 힘을 가하며 예수의 머리에 가시관을 억지로 눌러 씌우고 있는데, 교차하는 두 막대기가 빚대는 모양이 십자가를 연상시킨다. 복음서에서 가시관은 그리스도를 조롱하는 일련의 행위 중 하나지만, 화가들은 그것을 독자적인 사건으로 만들었다. 그림에서 서 있는 병사들의 얼굴 표정은 잔인성과 조롱이 합성되어 있다. 그러므로 코레아 데 비바르는 회화의 전통도 따르면서, 복음사가들의 주제 역시 충실히 따르고 있는 것이다. ❖ ❖ ❖

브라이도리온은 총독의 관저를 의미하는 말이었을 것이다. 빌라도는 새벽녘 관저에서 유대인들이 넘겨준 예수를 심문하다가 그들과의 대화를 위해서는 바깥 뜰로 나와서 대화를 하고 다시 들어가 질문을 이어가는 식으로 진행했다. 사람들이 없는 자리에서 예수와 빌라도 사이에는 상당히 길고 진지한 대화가 있었다고 한다. 그리고 빌라도는 히브리말로 '가바다'라고 하는 돌을 깐 뜰에 나와서 그곳에 마련된 재판석에 앉아 최후의 선고를 하였다. 십자가에 못 박아 죽이라는 선고였다. 형 집행을 바로 하도록 예수를 사람들의 손에 넘겨주었으나 그들이 직접 형을 집행할 수는 없었다. 로마법에 따른 형 집행이므로 총독 관하에 있는 군병들이 그를 넘겨받아 형 집행을 맡은 것이다.

복음서의 기록들이 서로 일치하지 않기 때문에 시간대별로 정확한 정리를 할 수는 없지만 대제사장의 집에서부터 공회 앞, 그리고 빌라도의 재판정에 이르기까지 예수에 대한 모욕과 비방, 침을 뱉고 손으로 때리는가 하면 채찍으로 때리는 일, 다양한 모욕적 언사들과 상징적 행동들이 반복 자행되었던 것은 사실이다. 그러나 전체적으로 흔히 생각하는 고문 형태의 행위들보다는 심한 모욕을 주기 위한 언행들이 자행되었다고 보아야 할 것이다.

©피에로 델라 프란체스카

그리스도의 책형

피엘로 델라 프란체스카가 그린 <그리스도의 책형>은 그가 처형당할 만큼의 죄는 없으니, 채찍질이나 몇 번 하고 풀어주라는 빌라도의 명령에 따라 병사들이 예수를 심하게 매질하는 장면이다.

그림은 둘로 나뉘어 예수의 책형 장면과 누군지 알 수 없는 세 남자가 담소하는 장면으로 구분되어 있다. 빌라도일 것으로 보이는 한 남자는 비잔틴 제국의 의상을 입은 채 왼편에 다소 무기력하게 앉아 있고, 등을 돌린 채 책형에 가담한 사람은 회교도 복장을 하고 있다. 내용만 예수의 책형이지, 장소도 시간도 화가가 살던 그 지점으로 바뀌어 있다. 오른쪽의 세 남자 역시 마찬가지이다. 왼쪽 남자는 비잔틴 복장, 그리고 맞은 편 사람들 역시 이탈리아 귀족의 옷차림으로 아마도 서 로마 사람으로 보인다. 아마도 이 세 사람은 동서 로마의 제법 식견 있는 사람들로 보는 것이 옳을 듯하다.

전통적으로 이스라엘은 사람을 죽일 때 진영 밖 또는 성 밖으로 끌고나가

실컷 희롱을 한 후에 군인들은 자색 옷을 벗기고 예수의 옷을 다시 입혔다. 그에게 자기가 달릴 십자가를 지고 처형 장소로 정해진 골고다^{해골의 곳이라는 의미} 언덕으로 올라가게 했다. 지고 가는 것이 정확히 어떤 것이었다고 말하기는 어려우나 통상적으로는 완성된 십자가 형틀은 아니었을 것이다. 당시의 관행 상 죄수는 십자가 틀의 양 팔을 벌려 못 박는 가로 빗장목을 지고 갔다. 그가 심문을 받고 정죄된 자리에서 성 밖으로 나와 처형의 자리로 향한 길에서 이루어진 일이다. 전통적으로 이스라엘은 사람을 죽일 때 언제나 진영 밖 또는 성 밖으로 끌고나가서 죽였다.^{레 24: 14; 민 15: 35-36; 왕상 21: 13} 따라서 처형장은 당연히 성 밖 언덕 위가 되었다.

생소한 돌발 인물 구레네 시몬, 유월절 지키려 예루살렘 찾은 것으로 추정
유대인 아닌, 나중에 그리스도인이 되었을 가능성도 있어

예수가 길을 가는 동안 유대인들이 적극적으로 그에 대해 반감을 나타냈다는 기록은 없다. 그러나 피로와 모욕감, 육체적 고통으로 인해 십자가는 너무 무거운 짐이었을 것이다. 군인들은 길가에 서서 그냥 구경하고 있던 한 건장한 남자를 끌어냈다. 그리고 십자가를 대신 지고 예수의 뒤를 따라가게 하였

적대적인 군중과 무심한 병사들 가운데서 오직 한 사람만 동정어린 얼굴을 하고 있다. 그는 구레네 사람 시몬이다. 잔인성과 연민이 혼합되어 있는 풍경이다.

다.^{눅 23: 26} 그는 구레네 출신의 시몬이라는 사람이었다.^{마 27: 32; 막 15: 21; 눅 23: 26} 예수는 "누구든지 나를 따라오려거든 자기를 부인하고 자기 십자가를 지고 나를 따를 것이니라"^{마 16: 24}고 했었다. 시몬은 억지로 예수의 십자가를 대신 지고 따랐던 셈이다. 전혀 예상하지 못했던 일이 일어난 것이었다. 그는 십자가의 길에서만 나타난 생소한 인물이었다. 유대나 갈릴리 지방에 살면서 예수를 추종했던, 넓은 의미에서 제자의

무리에도 속하지 않던 구레네 사람이었고, 다만 유월절을 지키려고 예루살렘을 찾은 사람일 수 있다는 추정만 할 수 있다. 어떤 사람들은 그가 유대인이 아니었을 수 있다고도 주장한다. 마가는 그가 알렉산더와 루포의 아버지였다고 소개한다.^{막 15: 21} 비록 즉시는 아니라고 하더라도 나중에 그리스도인이 되었다고 추정이 되는데, '루포'라는 로마식 이름이 유대인들에게 흔하지 않은 이름인 데다가 바울이 로마서를 쓰면서 '루포와 그의 어머니에게 문안하라'고 하고 있기 때문이다. 그것이 사실이라면 억지로 진 십자가가 그와 그의 가족이 구원을 얻는 복을 가져다주었다고 할 수 있겠다.

십자가의 길에서 있었던 또 하나의 이야기는 누가복음을 통해 전해진다. 예수가 그를 따라오는 많은 사람들을 보고 그 중에 가슴을 치며 슬피 우는 여자의 큰 무리를 향해 말한 대목이다. 그 여자들은 예수를 따르던 제자들 무리였다기보다 수난을 당하는 예수의 모습에 동정심을 느낀 여인들이었다. 예수도 그들을 일반화시켜 '예루살렘의 딸들'이라고 호칭했다. 예루살렘에 살고 있는 여인들을 의미한다. 그리고 "나를 위하여 울지 말고 너희와 너희 자녀를 위하여 울라"^{눅 23: 28}고 말했다. 그 도시와 거기에 사는 사람들에게 불어 닥칠 파괴와 죽음의 재난을 예고한 말이었다. 그 말은 울면서 그를 따라오는 여인들뿐만 아니라 거기에 있는 모든 사람들에 해당되는 말로 그 재난은 모두에게 임할 것이었다. 그들은 그의 예언을 받아들이지 않고 스스로 멸망의 길을 선택한 사람들이었다. 그래서 그 날이 되면 사람들은 "잉태하지 못하는 이와 해산하지 못한 배와 먹이지 못한 젖이 복이 있다 하리라"^{23: 29}고 했다. 재난의 날에 임신하고 있는 여자들과 젖먹이 어린 아이들을 데리고 있는 여자들은 그만큼 피난길이 힘들 것이기 때문이다. 이어서 그는 그날이 오면 사람들이 '산들을 향하여 우리 위에 무너지라 하며 언덕^{작은 산}들을 향해서는 우리를 덮으라'고 외칠 것이라고 했다. 죽는 것이 오히려 낫겠다는 부르짖음을 말한다. 그 말은 '푸른 나무에도 이같이 하거든 마른 나무에는 어떻게 되리요'라는 말로 끝을 맺는다. 뜻이 분명하지 않은 말이지만 <u>푸른 나무와 같은 무죄한 예수도 이런 십자가의 길이 주어졌다면 희망이라고는 없는 마른 나무 같은 유대 민족에게 닥칠 재난의 날이 얼마나 무섭겠느냐고 이해하는 것이 일반적이다.</u>

05
십자가 사건

골고다

예수가 십자가에 달린 장소는 예루살렘 성 밖에 있는 골고다 언덕 위였다. 골고다는 해골의 곳이라는 의미를 갖고 있다. 언덕의 형상이 해골 같아서 붙여진 이름이라는 해석이 가장 일반적이다. 어떤 사람들은 그곳이 시체를 버리는 곳으로 이용되어 해골이 여기저기 뒹굴고 있어서 붙여진 이름이라고도 한다. 한국교회에서는 갈보리 언덕이라고도 부르는데 그 말은 골고다를 라틴어로 번역해 사용하면서 생긴 이름이다.

기록상 예수가 십자가에 달린 날과 시간은 정확하지 않다. 복음서의 기록들을 종합해보면 예수는 수난 주간의 목요일 저녁에 제자들과 최후의 만찬을 함께 하고, 늦은 저녁에 겟세마네 동산으로 가서 기도한 후 밤이 깊어 잡혔다. 그리고 밤새 심문을 받았고 새벽녘에 빌라도에게 가서 이른 아침에 사형 판결을 받았다. 금요일 아침이었다. 최후의 만찬이 유월절 식사였다고 하면 그 날은 유월절 곧 무교절의 첫날이 되는 셈이다. 그런데 요한복음에서는 "그들은 더럽힘을 받지 아니하고 유월절 잔치를 먹고자 하여 관정에 들어가지 아니하더라"요 18: 28고 함으로써 아직 유월절 식사를 하지 않은 것처럼 표현해 앞의 설명과는 일치하지 않는 면을 보여주고 있다.

어쨌든 예수는 금요일 아침 일찍 사형선고를 받았고 군인들에게 넘겨져서 골고다 언덕으로 십자가를 지고 올라갔다. 그리고 오전 9시경제 3시: 막 15: 25에 십자가에 못 박혔다. 12시제 6시: 마 27: 45; 막 15: 33에 온 땅에 흑암이 임하여 오후

3시제 9시까지 계속되었으며 그 때 예수는 숨을 거두었다. 우리가 수난주간의 금요일을 성 금요일the Good Friday이라 하여 지키는 것은 이런 연유에서이다.

　예수는 자신의 죽음을 여러 번 예고하였다. 특히 마태복음은 그 죽음이 십자가에 못 박혀 죽는 것이라고 밝히 예고하였다고 했다.마 20: 19: 26: 2 그는 예고대로 십자가에 못 박혀 죽었다. 그를 십자가에 못 박기 바로 전에 군인들은 그에게 쓸개 탄 포도주를 주어 마시게 하려 했다.마 27: 34: 마가복음 15: 23에는 몰약을 탄 포도주 그것은 일종의 마취제로서 십자가의 고통을 조금이라도 경감시켜주는 것이었다. 그런 호의를 베풀도록 그를 따르던 여자들이 힘을 쓴 결과라는 설명이 있기는 하나 십자가 처형 전에는 이렇게 하는 관례가 있었다는 주장도 있다. 어쨌든 예수는 그런 호의마저 받아들이지 않았다. 주어지는 모든 고통을 그대로 감내하려는 의지였을 것이다. 그의 옆에선 다른 두 명의 흉악범도 함께 십자가형에 처해졌다. 극적으로 방면된 바라바의 일당이었을 것이다. 십자가는 로마제국에서 로마 시민이 아닌 이민족들을 사형에 처할 때 이용한 형구로, 인류 역사에서 인간이 고안해낸 가장 잔혹한 사형법이었다. 가장 극

©소 피테르 브뤼헬

심한 고통을 겪으면서 죽음을 맞게 했기 때문이다.

하나님의 아들 예수가 처형을 당한 죄목은 신성모독죄였다

그것은 또한 최고의 모욕을 당하면서 죽는 것이었다. 사람들이 많이 지나다니는 길을 따라 난 언덕 위에 십자가가 세워지기 때문에 많은 사람들이 악인의 최후를 욕하면 바라보도록 했기 때문이다. 그것은 일부 사람들에게는 일종의 구경거리가 되기도 했다. 그리고 극심한 고통을 주는 형벌이었다. 나무로 된 십자가 형틀에 죄수의 양 손과 손목, 양 발과 발목에 큰 못을 박아 세워주는 것이었다. 손이 찢어져 떨어져 나가지 못하게 손목이나 어깨를 밧줄로 묶어 움직이지 못하게 했다고도 한다. 따라서 죽음을 쉽게 맞지도 못했다. 신체의 어느 부위를 잘라내는 것이 아니므로 보통 출혈 과다로 죽지는 않았다. 심지어 며칠 동안이나 숨이 붙은 채 십자가에 달려 있는 경우도 있었다고 한다. 낮의 열기와 밤의 추위, 극도의 피로와 갈증, 뭇 벌레들의 공격 등으로 서서히 죽음을 맞게 하는 것이었다. 예수가 십자가 위에서 6시간 만에 죽음을 맞은 것은 드문 일이었다. 밤새 채찍질을 당하면서 심문을 받느라 기진했던 것도 한 원인이었을 것이다. 로마 군인들의 채찍질은 실로 무서운 것이었다. 늦은 오후 아리마데 사람 요셉이 총독에게 그 시신을 가져가게 해달라고 했을 때 정말 죽은 것이 맞는지를 확인해 보아야 했고, 함께 십자가에 달렸던 두 강도는 아직 죽지 않았으므로 그 무릎을 꺾어 도망칠 수 없게 하는 일도 있었으며 한 병사는 창으로 예수의 옆구리를 찔러보아 확인하기까지 하였다.

예수가 처형을 당한 죄목은 신성모독죄^{blasphemy; 마 26: 65}였다. 거룩하신 하나님의 이름, 그의 존재나 그가 하신 일들을 말과 행함으로 더럽힌 죄를 말한다. 자신을 하나님의 아들 그리스도라고 주장했고,^{마 26: 63-65; 막 14: 61-64; 요 10: 33, 36} 죄를 사해주는 권세가 있다고^{마 9: 2-3; 막 2: 7; 눅 5: 21} 한 것이 근거였다.

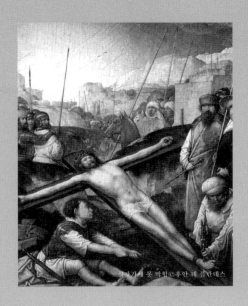

심자가에 못 박힘 ⓒ후안 데 플란데스

그리스도의 손에 난 못 자국

서양 회화가 보여주는 수난 광경에서 그리스도는 십자가가 세워지기 전에 땅에서 매달린다. 또한 예수와 함께 십자가형을 받는 두 강도는 밧줄로 십자가에 묶여 있는 반면 그리스도는 못으로 형틀에 박혀 있다. 이런 세부 묘사는 나중에 성 토마가 한 말에 근거한 것이다. 성 토마는 그리스도의 손에 난 못 자국을 보지 않고서는 그가 부활한 것을 믿지 않겠다고 말했다.

신성모독죄와 죄를 사해주는 권세

침묵하고 아무 대답도 아니하시거늘 대제사장이 다시 물어 이르되 네가 찬송 받을 이의 아들 그리스도냐 예수께서 이르시되 내가 그니라 인자가 권능자의 우편에 앉은 것과 하늘 구름을 타고 오는 것을 너희가 보리라 하시니 대제사장이 자기 옷을 찢으며 이르되 우리가 어찌 더 증인을 요구하리요 그 신성 모독 하는 말을 너희가 들었도다 너희는 어떻게 생각하느냐 하니 그들이 다 예수를 사형에 해당한 자로 정죄하고(막14:61-64).

침상에 누운 중풍병자를 사람들이 데리고 오거늘 예수께서 그들의 믿음을 보시고 중풍병자에게 이르시되 작은 자야 안심하라 네 죄 사함을 받았느니라 어떤 서기관들이 속으로 이르되 이 사람이 신성을 모독하도다(마9:2-3).

06
십자가 위에서

'일곱 마디 말씀(架上七言)'을 중심으로

십자가 위에서 일어난 일들은 그가 십자가에 달려 발언한 '일곱 번의 말씀'을 미루어 이해할 수 있다. 그 말씀들은 복음서가 전해주는 것이지만 한 가지 말씀만 두 복음서에 나타나고 나머지 말씀들은 다른 두 복음서에 각기 세 번씩 나온다. 그리고 그 말씀들을 바른 순서대로 정리하는 일도 결코 정확하게 할 수는 없다고 해야 한다. 단지 일반적으로 가장 많은 사람들이 바른 순서라고 이해하는 편을 따를 수밖에 없다.

예수가 십자가에 달려 가장 먼저 당한 고통은 조롱과 모욕이었다. 십자가에 달린 그의 모습을 보러 나왔던 사람들은 머리를 흔들며 "성전을 헐고 사흘에 짓는다는 자여 네가 너를 구원하여 십자가에서 내려오라"막 15: 29-30고 모욕을 퍼부었다. 머리를 흔드는 태도는 경멸과 조롱을 나타내는 표시였다.시 22: 7 마태복음에서는 덧붙여 "네가 하나님의 아들이어든"이라는 말을 기록하고 있다.막 27: 40 대제사장과 서기관들도 거들었다. 그들은 예수를 희롱하면서 "그가 남은 구원하였으되 자기는 구원할 수 없도다. 이스라엘의 왕 그리스도가 지금 십자가에서 내려와 우리가 보고 믿게 할지어다"막 15: 31-32; 마 27: 42라고 비웃었다. 그런 광경을 지켜보던 군인들도 역시 그 희롱에 동조했다.눅 23: 36 그리고 그와 함께 십자가에 못 박힌 강도들까지 예수를 욕하는 일에 가담하였다. 누가복음은 못 박힌 두 강도 중 하나가 그렇게 했고 다른 한 강도는 그를 꾸짖고 오히려 예수에 탄원하여 구원을 약속받았다고 한다.마 27: 44; 막 15: 32; 눅 23: 39-40

십자가 위에서 일어난 일들은 그가 십자가에 달려 발언한 '일곱 번의 말씀 架上七言'에 미루어 이해할 수 있다. 그 말씀들은 복음서가 전해주는 것이지만 한 가지 말씀만 두 복음서에 나타나고 나머지 말씀들은 다른 두 복음서에 각기 세 번씩 나온다. 그리고 그 말씀들을 바른 순서대로 정리하는 일도 결코 정확하게 할 수는 없다고 해야 한다. 단지 일반적으로 가장 많은 사람들이 바른 순서라고 이해하는 편을 따를 수밖에 없다.

"아버지 저들을 사하여 주옵소서. 자기들이 하는 것을 알지 못함이니이다"

전통적으로 첫 번째 말씀으로 받아들여지는 것은 "아버지 저들을 사하여 주옵소서. 자기들이 하는 것을 알지 못함이니이다"눅 23: 34이다. 사람들은 이 말씀을 십자가가 세워지기 전에 그를 십자가 형틀에 못 박을 때 한 말씀으로 이해하기도 한다. 예루살렘교회에서 처음으로 안수를 받고 세움 받은 일곱 집사 중 기독교 역사에서 최초의 순교자로 이름을 올린 스데반이 돌에 맞아 죽어가면서 말한 것과 같은^{행 7: 60} 하나님을 향한 기도이다. 극심한 고통 속에서 죽음을 향한 마지막 순간에서까지 원망이나 분노의 토로가 아니라 사람들이 지은 죄의 용서와 구원에 관심을 기울였다는 것에 주목할 일이다. 이 말씀은 이사야가 예언^{53: 12}한 것의 성취이며 자신이 가르친 교훈 "너희 원수를 사랑하며 너희를 박해하는 자를 위하여 기도하라"^{마 5: 44}는 말의 실천이기도 했다. 여기에서 '자기들'이 누구를 의미하는지를 확인하기는 힘들다. 아마 직접 형을 집행하는 로마 군인들이기보다는 그를 그 자리에로 내몬 유대 종교지도자들이었다고 이해하는 편이 옳을 것이다. 실지로 로마 군인들은 명령에 따라 형을 집행하였을 뿐이지만 유대교의 지도자들은 의도적으로 하나님의 아들을 십자가의 죽음에로 내몬 사람들이었다. 그들은 그 죄가 얼마나 큰지 모르고 범했다는 것을 베드로도 인정하였다.^{행 3: 17}

"오늘 네가 나와 함께 낙원에 있으리라"

두 번째 말씀은 함께 십자가에 달려 죽어가는 한 강도^{행악자}가 내놓은 "예수여 당신의 나라에 임하실 때에 나를 기억하소서"^{눅 23: 42}라는 하소연에 대한 응답으로 "오늘 네가 나와 함께 낙원에 있으리라"^{눅 23: 43}고 하신 말씀이다. 두 강도는 처음에는 사람들의 모욕을 퍼붓는 일에 덩달아 욕하였지만^{마 27: 44} 그 중 하나가 계속하여 "네가 그리스도가 아니냐? 너와 우리를 구원하라"고 비방의 말을 퍼부음으로써 자기의 처지를 한탄하였지만 다른 한 사람은 그의 동료 행악자를 꾸짖으며 "네가 동일한 정죄를 받고서도 하나님을 두려워하지 아니하느냐? 우리는 우리가 행한 일에 상당한 보응을 받는 것이니 이에 당연하거니와 이 사람이 행한 것은 옳지 않은 것이 없느니라"고 하면서 하는 하소연에 대한 응답이었던 것이다. 그의 하소연은 비록 늦었지만 지금이라도 그를 따르고 싶다는 의중의 표현이었다. 예수는 그의 결단을 기꺼이 받아주었다. 그들이 비록 평소에 예수를 따르지는 않았겠지만 소문은 들었을 것이다. 회개한 강도가 우편 강도였다거나 그의 이름이 디스마^{Dismas}였다는 것이 외경의 기록이기는 하나 신빙성은 없다.

"여자여 보소서. 아들이니이다"

세 번째 말씀은 요한복음이 전하는 것으로 십자가 아래에서 울고 있는 그의 어머니 마리아와 제자 요한을 보고 건넨 말씀이다. 마리아에게는 "여자여 보소서. 아들이니이다"하고 요한에게는 "보라. 네 어머니라"^{요 19: 26-27}고 한 것이었다. '여자여'라는 말이 우리말로는 어색하게 들리는 어조이지만 당시의 관례로는 그것이 최고의 경어법이었다고 한다. 어쨌든 예수는 그 극심한 고통의 순간에도 그의 어머니의 장래를 사랑하는 제자에게 부탁하신 것이었다. 그리고 그 제자는 그의 이모였던 마리아를 자기 집에 모시게 되었다고 한다. 왜 예수께서는 그의 동생들에게 어머니를 부탁하지 않고 이종사촌인 요한에게 했을까? 하는 의문에 대해서는 그의 동생들이 이복동생들이었고 이종이면서 사랑하는 제자였던 요한과 더 친밀하게 지냈기 때문이라는 구차한 설명을 하기도 한다.

"엘리 엘리 라마 사박다니"

오전 9시 경^{제 3시: 막 15: 25}에 십자가에 못 박혔고 12시 경^{제 6시}에 온 땅에 어둠이 임하여 오후 3시경^{제 9시: 마 27: 45; 막 15: 33}까지 계속되었는데 앞의 말씀들은 아마 오전 중에 그것도 십자가에 달린 뒤 오래지 않은 시간에 전한 말씀들이었을 것이다. 그리고 그 어두움이 절정에 이르렀을 때, 곧 생의 마지막이 다가오고 있을 때 그는 네 번째 말씀을 하였다. 그것은 "엘리 엘리 라마 사박다니"라는 절규였고 "나의 하나님, 나의 하나님, 어찌하여 나를 버리셨나이까"를 의미하는 히브리어였고 마가복음은 그것을 아람어 "엘로이 엘로이 라마 사박다니"로 표기하고 있다. 그러므로 예수가 어떻게 부르짖었는지를 확인할 길은 없다. 당시에는 두 가지 말이 모두 통용되고 있었다고 보기 때문이다. 지나가던 구경꾼들 가운데 어떤 사람들은 단순히 그 소리만 가지고 "그가 엘리야를 부른다"고 보고 정말 "엘리야가 와서 그를 ^{십자가에서} 내려주나"를 보자고도 했다.^{마 27: 47-49; 막 15: 35-36} 그것은 예수의 수난 이야기를 예고한 시편 22편^{22: 1}의 말씀을 인용한 부르짖음으로, 인간의 몸을 입고 사람으로 세상에 온 예수의 영적, 육체적, 정신적 고통에서 나온 절규였다. 그러나 그 말씀은 무엇보다도 하나님^{아버지}으로부터 버림을 받은 성자의 영적 고통에서 나온 부르짖음이었을 것이다. 수난 사건이 시작될 때에는 그를 따르던 제자들이 그를 버리고 달아나버렸고, 이제 하나님 아버지에게서까지 버림받았다는 토로였다.

"내가 목마르다"

이어서 나오는 다섯 번째 말씀^{요 19: 28, "내가 목마르다"}은 시편69편 21절의 말씀의 성취고, 육체적 생명이 한계에 이르렀을 때 극심한 육체적 고통의 표현이었다고 볼 수 있다. 그런 부르짖음을 듣고 아마 그를 지키던 군인들이 거기에 있던 신 포도주_{거의 식초가 되고 있는}를 해면^{a sponge}에 적셔 우슬초^{마태복음 27: 48과 마가복음 15: 36에서는 갈대} 대에 매어 예수의 입에 갖다 대주었고 그는 그것으로 타들어가는 입술을 조금 축일 수 있었다. 그것이 "내가 이제부터 하나님의 나라가 임할 때까지 포도나무에서 난 것을 다시 마시지 아니하리라"^{눅 22: 18}는 약속과 모순된다고 지적하기도 하지만 이것은 마신 것이 아니라 입술을 조금 축인 것에 불과하기 때문에 그런 지적은 공연한 말장난이라고 할 수 있다.

"다 이루었다"

여섯 번째 말씀^{요 19: 30, "다 이루었다"}은 그가 "모든 일이 이미 이루어진 줄 아시고"^{요 19: 28} 하신 말씀이다. 앞의 말씀에 이어서 나왔을 것이다. 그 "모든 일"은 하나님께서 그가 이루라고 하신 모든 일을 의미한다. 다시 말해서 하나님께서 그를 통해 이루시려는 모든 일은 곧 그의 피흘려 죽으심을 통하여 인류를 구원에로 이끌 수 있게 된 일을 의미했다. 그것은 바로 말씀이 육신이 되어 오신 목적이기도 했다. 그리고 이제 죄로 인해 멸망으로 치닫고 있는 인류를 구원하기 위해서 오신 그가 그 구원을 이루기 위해 필요한 모든 일을 이루었다고 선언하는 것이었다. 그것은 최후의 승자가 외치는 승리의 선언이기도 했다. 그의 구속의 대업을 끊임없이 방해해왔던 사탄에 대한 승리의 선언을 말한다.

"아버지, 내 영혼을 아버지 손에 부탁하나이다"

마지막 일곱 번째 말씀은 다시 기도 형식의 말씀이었다. "아버지, 내 영혼을 아버지 손에 부탁하나이다."눅 23: 46라며 그가 큰 소리로 아버지 하나님을 불렀다. 그리고는 바로 숨을 거두었다. 마태복음27: 50과 마가복음15: 37은 그냥 "크게 소리 지르시고 숨지셨다"고만 하는데 그 소리가 바로 이 말씀이었다고 할 수도 있을 것이다. 역시 첫 순교자 집사 스데반이 "주 예수여, 내 영혼을 받으시옵소서"행 7: 59하고 숨을 거둔 것과도 같은 흐름이다. 이런 경우 보통 사람들이라면 마지막으로 분통을 터트리며 원망이나 자포자기의 말을 남기는 것과는 대조적이다. 오늘의 그리스도인들이 이런 기도로 생을 마감할 수 있다면 가장 복된 죽음을 맞는 일일 것이다.

07
예수의 죽음

역사적 사실

그의 죽음은 인류 구속의 역사에서 중심을 이루는 사건이다. 그것은 분명한 역사적 사실이었다. 신약성경의 복음서들이 그것을 분명히 전해주고 있고, 그리스도인이 아니었던 역사가 요세푸스Josephus까지도 그의 역사 기술에서 예수의 십자가 처형을 분명한 역사적 사실로 쓰고 있다.

예수의 죽음

십자가에 달린 예수는 암흑이 지속된 시간이 끝나고 제 9시오후 3시경에 숨졌다. 그의 죽음은 인류 구속의 역사에서 중심을 이루는 사건이다. 그것은 분명한 역사적 사실이었다. 신약성경의 복음서들이 그것을 분명하게 전해주고 있다. 그리스도인이 아니었던 역사가 요세푸스Josephus까지도 그의 역사 기술에서 예수의 십자가 처형을 분명한 역사적 사실로 쓰고 있다. 복음서에서는 예수의 죽음을 표현하는 말이 두 가지이다.

마 27: 50: 다시 크게 소리지르시고 영혼이 떠나시니라.

막 15: 37: 예수께서 큰 소리를 지르시고 숨지시니라.

눅 23: 46 하: 이 말씀을 하신 후 숨지시니라.

요 19: 30 하: "다 이루었다" 하시고 머리를 숙이니 영혼이 떠나가시니라.

그들은 '죽으셨다'는 표현을 쓰지 않고 '영혼이 떠나셨다'는 말과 '숨지셨다'는 표현을 사용하였다. 모두가 앞에서 말한 '말씀을 하시고 숨을 거둔' 것으로 설명하고 있다. 학자들 중에는 예수의 죽음을 '머리를 숙이셨다'는 말을 근거로 기절氣絶로 설명하려는 사람들도 있으나 복음서들이 기술하고 있는 그의 죽음은 기절과는 거리가 멀다. 그는 죽은 사람을 살리는 능력과막 5: 41-42; 눅 7: 14-15; 요 11: 43-44 자신의 생명을 지키거나 스스로 목숨을 버릴 수도 있는 권세를 가졌었기 때문이다. 그러므로 그는 자신의 죽음을 의도적으로 받아들였다고 할 수 있다. 그는 자신의 죽음을 실패의 결과로 보지 않았다. 오히려 그에게 있어서 자신의 죽음은 소명을 성취하는 과정이었다. 따라서 그것을 순종하는 태도로 받아들인 것은 당연한 것이었다.

그의 죽음과 더불어 일어난 사건들

예수가 십자가에 달려 죽음을 맞이할 때 여러 가지 부수적인 일들도 일어났다. 그 중에서 가장 많은 사람들이 겪었던 일은 정오경으로부터 오후 세 시 경까지제 6시로부터 제 9시까지 온 세상에 암흑이 임한 일이었다. 그것을 자연 현상으로서의 개기일식이 있었으리라고 설명하는 사람들도 있기는 하지만 역시 전적인 하나의 기적으로 보아야 할 것이다. 출애굽이 있기 전에 애굽에 내렸던 아홉 번째 재앙출 10: 21-23을 연상케 하는 장면이다. 온 땅에 어둠이 임했다는 말은 지구 전체에 암흑이 임했다는 설명보다는 당시 유대지방 일원에 암흑이 임했다는 설명이 좀더 설득력을 갖는다.

> **십자가에 달린 하나님의 아들에 아무도 긍휼을 베푸는 태도 보이지 않아**
> **정오 이후 암흑이 덮이는 등 아모스의 예언 표적처럼 나타나**

이 사건은 우리에게 상징적이며 신학적인 의미를 전해준다. 예수가 십자가에 달리었을 때 처음 세 시간오전 9시부터 정오까지 동안은 비방과 모욕이 퍼부어진 시간이었다. 지나가던 구경꾼들과 대제사장들, 그리고 함께 십자가에 달린 강도까지 모두가 그 일에 합세하였다. 십자가에 달린 하나님의 아들에게

| 갈보리

'갈보리'는 두개골을 뜻하는 하급 라틴어에서 파생된 단어로 '해골의 장소'를 뜻하는 아람어 골고타Golgotha의 번역어였다. 이 단어는 두 강도 사이에서 그들과 함께 십자가에 못박힌 예수의 모든 고난을 통칭하는 단어가 되었다. 두 강도 중 하나는 그리스도를 모욕하였으나 다른 한 명은 그를 옹호하여 이렇게 말했다. '우리로 말하자면 벌을 받는 것이 당연하지만, 저분은 죄가 없다.' 그리고는 예수에게로 얼굴을 돌리고 청하였다. '당신이 왕으로 오실 때, 저를 기억해 주십시오.' 예수가 답하였다. '진실로 말하는데, 바로 오늘 너는 나와 함께 천국에 있게 될 것이다.' 십자가 발치에는 늘 예수를 따르던 여인들이 있었다. 그의 어머니 마리아, 마리아 막달레나, 글레오파의 아내 마리아가 그들 중에 있었다. 예수에게 사랑받던 제자 요한도 그들과 함께 있었다.

아무도 긍휼을 베푸는 태도를 보이지 않았다. 그러나 그 시간이 지나고 정오가 되었을 때 온 세상에 암흑이 덮임으로 자연세계가 하나님 아들의 수난과 죽음에 슬픔을 표하는 것 같았다. 그것은 하나님이 친히 이루어주시는 일이라는 점을 확인해주는 일이기도 했다. 하나님의 날이 임한 것을 보여주신 것이다. 아모스의 예언 "그 날에 내가 해를 대낮에 지게 하여 백주에 땅을 캄캄하게 하며, 너희 절기를 애통으로 너희 모든 노래를 애곡으로 변하게 하며 ……"암 8: 9-10라는 말씀이 성취된 것이었다. 그 날은 곧 "어둡고 캄캄한 날이요 짙은 구름이 덮인 날"욜 2: 2이었다. 또한 그것은 십자가에 달린 그에게 하나의 표적 '십자가에서 내려오라' : 막 15: 30을 요구하던 사람들을 향해 보여준 표적이기도 했다. 이 사건을 희랍 로마 세계의 전설적인 인물Romulus의 죽음과 더불어 일어났다는 이야기들과 관련시켜 설명하는 이들도 있다. 하지만, 그것은 하나님께서 세상을 심판하실 날이 시작되고 있음을 알려주는 경고의 표식이었다고 할 수 있는 것이다.

두 번째 사건은 성전의 성소 휘장이 위로부터 아래까지 찢어져 둘이 되어 버린 일이었다. 그가 큰 소리로 마지막에 부르짖으며 숨질 때 일어난 일이었다.^{마 27: 51; 막 15: 38} 누가복음은 이 일이 예수가 마지막 말씀 '내 영혼을 아버지 손에 부탁하나이다' 을 하기 직전이었다고 전한다.^{눅 23: 44-45} 그것은 하나님의 심판이 시작됨을 알려주는 것이었고, 사람들이 접근할 수 없었던 거룩하신 하나님께 누구나 나아갈 수 있는 길을 열어주는 것이었다. 이 휘장은 성소와 지성소 사이에 드리워져 있는 것으로 대제사장이 매년 속죄일^{7월 10일}에 들어가서 속죄제를 드릴 때만 열수 있는 막이다. 매우 견고하게 직조되어 쉽게 찢어질 수 없는 것이었으므로 그 휘장이 찢어져 둘이 되었다는 것은 하나의 기적이었다. 이제 예수의 죽음과 더불어 그 휘장이 찢어져 대제사장의 대속적 속죄제가 없어도 그의 대속적 죽음을 믿는 성도는 누구나 하나님 앞에 직접 나아가서 하나님을 만날 수 있게 된 것이다. 그가 그를 믿고 따르는 모든 성도들을 위하여 그 휘장을 찢어버리고 멜기세덱의 뒤를 잇는 새로운 대제사장의 직분을 수행하심으로써^{히 6: 19-20} 죄 사함을 받고 구원에 이르는 새로운 길을 열어준 것이다.^{히 10: 19-20} 이제 모든 성도가 제사장의 직분을 가지게 되었다.^{벧전 2: 9} 바로 이 사건은 만인 제사장설^{priesthood of all saints}이라는 종교개혁자들의 교리가 성립할 수 있는 근거가 되어준다.

성전의 성소 휘장이 위로부터 아래까지 찢어지는 사건
모든 성도가 제사장의 직분을 가지게 되 … 만인 제사장설의 근거

나아가 그것은 성전의 효용성을 파괴해버린 사건이었다. 그의 몸을 제물로 단번에 드림으로^{히 7: 27} 매일 드리는 속죄제와 대제사장이 매년 속죄일에 그 휘장을 열고 들어가 드리는 속죄제를 무의미하게 만든 사건이 된 것이다. 그리고 로마군은 AD 70년에 실지로 그 성전 건물을 파괴해버림으로써 그리스도인들은 가시적인 성전에서 완전히 자유로워질 수 있게 되었다.

예수의 죽음과 더불어 일어난 세 번째 사건들은 마태복음에서 읽을 수 있다. "땅이 진동하며 바위가 터지고 무덤들이 열리며 자던 성도의 몸이 많이 일어났다"^{마 26: 51하-53}는 것이다. 그 때에 그 지역에 지진이 일어난 것은 다른 역사적 기록에서도 증언해주는 사건이었고, 지진으로 동굴 형태의 무덤 앞을

| 멜기세덱

'의의 왕'. 멜기세덱은 창세기 14:18에 느닷없이 '지극히 높으신 하나님의 제사장'으로 나타나 제사장의 직능으로 떡과 포도주를 상징적으로 써서 아브라함을 축복한 인물이다. 멜기세덱과 같이 제사장과 왕의 두 직능을 한몸에 겸비한다는 것은 후대에 이르러 이스라엘의 이상적 왕자가 되었다. 따라서 이상적 왕자는 '멜기세덱과 같은 자'라고 칭함을 받았다.^{시110:4} 이것은 히브리서 5:6, 7에 있어서 그리스도에의 적용에도 맞는다.

엘람 왕, 고임 왕, 시날 왕, 엘라살 왕이 소돔과 고모라를 침공했을 대, 아브라함의 조카 롯도 사로잡혀 갔는데 이 소식을 들은 아브라함이 정병 318명을 거느리고 단까지 추격하여 다메섹 좌편 호바에서 롯과 부녀, 그리고 재물을 다 찾았다. 돌아올 때 소돔 왕이 나와 그를 영접하고, 살렘 왕 멜기세덱이 떡과 포도주를 가지고 나왔다. 그리고 아브라함에게 축복해주자 아브라함이 그 얻은 것에서 십분의 일을 멜기세덱에게 줌으로써 십일조의 창시자가 되었다.

멜기세덱에 대해 보는 관점은 많고 구구하지만, 히브리서 7:1-17을 중심으로 생각하면, 그는 영원한 제사장의 모형이다. 그는 "아비도 없고, 어미도 없고, 족보도 없고, 시작한 날도 없고, 생명의 끝도 없이, 하나님 아들과 방불하여 항상 제사장으로 있느니라"고 소개된다. 그의 제사장직은 계통을 전혀 가지지 않은 점에서 예수 그리스도의 대제사장직과 유사하다. 이런 점에서 하나님의 아들과 방불하다. 그러므로 그는 하나님의 아들의 모형으로서 예수 그리스도는 그의 탄생 2000년 전에 이미 멜기세덱이란 인물로 예표되었다. 또한째, 멜기세덱은 아브라함보다 높다. 그가 아브라함에게 축복했고, 아브라함은 그에게 십분의 일을 주었다는 것으로 알 수 있다. 히브리서 7:4, 7, 특히 7절에 "폐일인하고 낮은 자가 높은 자에게 복 빎을 받느니라"고 하였다. 아브라함은 믿음의 조상이라고 하리만큼 권위가 컸다. 즉 그를 축복하는 자는 복을 받고 그를 저주하는 자는 저주를 받는다고 했다.^{창12:3} 그가 아브라함을 축복한 점이 아브라함보다 높은 증표다. 떡과 포도주는 영적으로 예수 그리스도의 살과 피에 의한 축복을 암시한다.^{마26:26-29}

막아두었던 바위들이 굴러가 버린 것까지는 쉽게 이해할 수 있는 일이다. 그것은 자연세계를 지배하시는 하나님의 역사하심을 보여준 사건이었다고 할 수 있다. 그리고 온 땅에 어두움이 임하고 지진이 일어난 것은 하나님의 심판이 임박했음을 알려준다. "그 앞에서 땅이 진동하며 하늘이 떨며 해와 달이 캄캄하며 별들이 빛을 거두도다"^{요엘 2: 10}라는 말씀의 성취인 것이다. 그러나 자던 성도의 ^{무덤에} 있던 몸이 많이 ^{부활하여} 다시 살아났다는 것은 초자연적인 하나님의 역사하심을 떠나서는 설명할 수 없는 사건이다. 그때 살아난 성도들이 얼마나 많았는지 또 그들을 본 사람들이 얼마나 많았는지도 우리는 모른다. 제한적인 수의 사람들이 살아났고 또 소수의 제한적인 사람들만 그들을 보았으리라고 추측할 수는 있다. 몇 시간 계속되는 흑암 때문에 대부분의 사람들은 두려움에 사로잡혀 자기 집으로 도망했으리라고 상상할 수 있기 때문이다. 아마 십자가 밑에서 지키던 백부장과 경비병들이 그 소수의 목격자들에 포함되었을 것이다. 그들은 "지진과 그 일어난 일들을 보고 심히 두려워하여 이르되 '이는 진실로 하나님의 아들이었도다'"마 27: 54라고 고백했다.

그의 죽음이 그 자신에게 주는 의미

예수는 그의 죽음을 자신의 의지로 기꺼이 받아들였다. 그는 죽음이 그의 소명vocation의 중심에 있다는 것을 알고 있었다. 이사야가 예언했던 고난 받는 종the Suffering Servant으로서의 사명을 자신의 사명으로 받아들인 것이다. 그것은 바로 그가 이스라엘 백성들의 죄뿐 아니라 만민의 죄를 대속代贖하기 위해서 가지 않으면 안 되는 길이었다. 그러나 역시 죽음은 그가 극복하고 넘어서지 않으면 안 되는 원수였다.고전 15: 26 그가 죽음을 앞두고 고뇌에 사로잡혔던 것마 26: 37-38이 그 점을 분명하게 보여준다.

그가 세례요한을 통해 물로 세례를 받을 때 하나님께서는 그가 하나님의 사랑하는 아들이라는 것을 확인해주셨다.막 1: 10-11 그리고 이제 그의 죽음은 그의 사명을 성취하기 위하여 받지 않으면 안 되는 다른 하나의 세례였던 것이다.막 10: 38-39 그러나 사랑하던 제자들마저 그가 받아야 할 세례 이야기를 하였을 때 아무도 그 의미를 이해하지 못했다. 그것은 결코 가볍게 수행할 수 있는 사명은 아니었지만 그는 그 주어진 사명에 순종하지 않으면 안 되었다. 그러므로 그는 비록 고심은 하였다고 하더라도 그 사명을 거부하지 않고 그대로 순종함으로 받아들인 것이다. 오늘의 그리스도인들도 자신에게 맡겨지는 사명을 어떻게 받아들여야 하는지를 보여주는 본보기라 할 수 있다.

08
십자가와 구속

인간 구원의 대업

예수는 자신을 인류의 죄를 대속하는 대속 제물로 내놓았다. 그리고 십자가는 바로 그 구속의 대업을 이루는 장^場이며 방법을 의미했다. 인류 구원이라는 대업이 이루어진 것이다. 십자가는 바로 죄와 사탄의 권세로부터 인간을 해방시켜 구원에로 이끈 것을 의미하는 것이다. 쉽게 말해서 인간의 구원이라는 대업은 인간의 모습으로 땅 위에 왔던 하나님의 아들, 예수 그리스도가 십자가에 달려 죽음으로 이룬 구속을 통해서 이루어진 것이다.

형구 이상의 무엇, 십자가

예수는 십자가에 달려 죽음으로 인류구원이라는 대업을 이루었다. 여기에서 십자가는 단순히 예수를 신성모독죄라는 죄목으로 처형한 형구라는 차원을 넘어 상징적이고 은유적인 의미는 물론 심오한 신학적 의미를 갖는다. 상징적으로 십자가는 고난의 길을 의미한다. 예수를 주님으로 모시고 사는 사람들이 이 땅 위에서 바른 신앙생활을 하려고 할 때 겪어야만 하는 길을 말한다. 그 길은 결코 화려하고 영광스러운 길이 아니라 쫓겨나서 고난의 길을 걸어야 하는 길이다. 특히 복음의 불모지에서 처음으로 예수 그리스도의 복음을 받아들이는 사람들은 거의 예외 없이 혹독한 고난의 행군을 해온 것이 교회 역사가 생생하게 증언해주는 실제적인 이야기들이다. 그리고 또 참된 제자의 길을 걷겠다고 하는, 소위 사역자의 길을 가는 사람들도 이런 수모와 고난을 각오하지 않으면 안 될 것이다. 예수가 "누구든지 나를 따라오려거든 자기를 부인하고 자기 십자가를 지고 나를 따를 것이니라.”마 16: 24; 막 8: 34; 눅 9: 23 "또 자기 십자가를 지고 나를 따르지 않는 자도 내게 합당하지 아니 하니라.” 마 10: 38 "누구든지 자기 십자가를 지고 나를 따르지 않는 자도 능히 내 제자가 되지 못하리라”눅 14: 27고 한 뜻이 바로 이런 것이었다. 그래서 처음 그를 따르 던 사람들도 자기들의 삶을 "그리스도와 함께 십자가에 못 박힌”갈 2: 20 삶으 로 이해하였고, 그것은 이전에 자신이 가졌던 "정욕과 탐심”갈 5: 24을 완전히 버리는 것으로 받아들였다. 그것은 세상에서 누릴 수 있는 모든 좋은 것들을 포기하고 가는 길이라는 것이었다.

세상의 아담 후손들이 해결할 수 없는 문제, 구원

그러나 십자가는 이런 상징적인 의미보다는 훨씬 심오한 신학적 의미를 갖 는다. 십자가는 바로 예수의 죽음을 가리키는 말이며, 그 죽음은 인간 구원사 역의 성취를 의미하는 것이기 때문이다. 즉 그의 죽음은 인간의 죄를 속하기 위한 대속의 제물이 된 것을 의미한다. 아담의 범죄로 인간은 죄를 범하지 않 을 수 없는 존재가 되었고, 그것은 인간이 죄의 노예롬 6: 17가 되어버린 것을 의 미한다.

그리고 죄는 기본적으로 먼저 하나님과의 관계에서 이해되어야 한다. 인간 의 모든 언행심사言行心思는 하나님 앞에서in the presence of God 행하는 것이며, 거기 에 비추어서 보아야 하기 때문이다. 따라서 죄의 결과는 여러 가지로 설명할 수 있지만 무엇보다도 먼저 죄는 하나님의 심판을 피할 수 없게 하고, 그 결 과는 합당한 벌을 받을 수밖에 없게 했으며 그 형벌은 죽음과 멸망이라는 것 이 성경의 가르침이다. 거기에서 벗어나는 길은 그 죄 문제를 해결하는 길밖 에 없다. 그래서 구약에서는 그 문제의 해결책으로 양이나 염소로 하나님 앞 에서 속죄제贖罪祭를 드렸다. 그러나 그 길은 이스라엘 백성들에게 제한적으로 적용되는 길에 불과했다. 보편적이고 영원한 해결책이 아니었던 것이다.

전인류의 죄를 대신 진 하나님

이제 하나님의 아들 예수가 만민의 죄를 대속하기 위해서 보편적이고 영원한 제물로 자신을 드린 것이다. 하나님은 이스라엘 사람들만의 하나님이 아니다. 또 이스라엘 사람들만을 사랑하시는 것도 아니다. 아브라함의 자손들만을 복 주시려는 분이 아니라 만민^{세상}을 사랑하시고^{요 3: 16} 모든 사람들에게 복 주시려고 하기^{창 12: 3} 때문에 만민이 구원에 이를 수 있는 길을 열어주시려고 했고, 그 길은 그의 아들을 영원한 속죄 제물로 삼으심으로 이루시는 것이었으며, 예수는 그런 하나님 아버지의 계획에 순종한 것이었다. 한마디로 그는 자신을 인류의 죄를 대속하는 대속 제물로 내놓은 것이었다. 그리고 십자가는 바로 그 구속의 대업을 이루는 장^場이자 방법을 의미했다. 인류 구원이라는 대업이 이루어진 것이다. 십자가는 바로 죄와 사탄의 권세로부터 인간을 해방시켜 구원에로 이끄신 것을 의미하는 것이다. 쉽게 말해서 인간의 구원이라는 대업은 인간의 모습으로 땅 위에 오셨던 하나님의 아들, 예수 그리스도가 십자가에 달려 죽음으로 이룬 구속을 통해 이루어진 것이다.

09
장사됨과 **부활**

증인들

바울은 예수가 오백 여 명의 성도들에게와 야고보에게도 나타났다고 전하고 있다. 그러나 구체적으로 언제 어디에서 어떻게 나타났는지에 대해서는 알 수가 없다. 다만 그 오백 여 명의 형제들 가운데 대다수는 바울이 고린도전서를 기록할 때까지도 살아있어서 부활의 증인이 되고 있다고 했다.

예수의 장례

　예수의 장례는 세 부분으로 나누어 생각할 수 있다. 먼저 아리마대 출신 요셉이라는 사람이 총독 빌라도에게 가서 그의 장례를 허락해 달라고 요구한 일이고, 다음으로 그의 시신을 무덤에 안치하는 일, 마지막으로 그 무덤을 경비병들이 지킨 일이다. 그런데 당시의 로마법이나 관습으로는 십자가형으로 사형을 당한 사람의 시신은 정상적인 장례를 치르는 것이 허용되지 않았다. 보통 며칠 동안 십자가에 달린 그대로 내버려두어 까마귀들이 시신을 훼손하기도 했다고 한다. 그러나 총독 관할에 속한 지역에서는 총독에게 모든 것이 위임되어 있었으므로 빌라도는 시신을 내주고 장례를 치르는 것까지 용인했을 것이다.

　요셉은 부유하고 경건한 사람이었다. 드러내놓고 예수를 추종하지는 않았지만 숨은 제자 중의 한 사람이었다. 산헤드린 공회의 공회원이었으며 사회

| 니고데모

바리새인이었으나
예수를 존경한 유대인 관원

아리마대 사람 요셉과 같은 공회 의원

'이긴 백성' 예수가 예루살렘에 전도를 시작했을 때, 밤에 그를 찾아간 사람이며 유대인의 관원이다.^{요 3:1-2} 그는 또 바리새인이며 공회^{산헤드린} 의원이었다. 선한 의미의 바리새인으로서, 그는 확실히 세례요한의 설교에 깊은 인상을 받고, 또 예루살렘에서의 예수 출현은 그의 주의를 끌었음에 틀림없다. 다른 사람들과 같이, 그는 예수가 '하나님께로서 오신 선생'인 줄 확신하고 있었다. 그렇게 확신시킨 것은 예수의 표적이었다. 그는 자신을 만족시키기 위해 예수를 뵙기 원했다. 그러나, 동료 공회 의원들의 비난을 피하기 위해 밤을 택했다. 4복음서에는 분명히 그때의 대화를 일부분밖에 기록하지 않고 있다. 그렇지만 그 특징은 똑똑히 재현되고 있다. 주장이 다른 계파의 일반적 신학상, 종교상의 개념을 가지고 자기가 '하나님의 나라'에 들어갈 수 있는 자격에 대해 아무런 의심없이 질문을 했을 것이다. 즉, 거듭나는 방법, 속죄의 도리, 구원의 도리를 알고 싶었을 것이다.

예수는 그의 마음을 알고, 모든 바리새인이 무자격이라고 알려주려고 하나님 나라의 백성이 될 수 있는 자격은 마음의 영적 상태에 있는 것이지, 그밖에 아무것도 아니라는 것을 지적하고 그의 질문에 대답했다. 그러나 니고데모는 그것을 즉시 이해하지 못했다. 그래서 예수는 '이스라엘의 선생'이라고 부르면서 이와 같은 초보적인 것을 모르느냐고 책망했다.^{요 3:1-21} 이 대화의 직접적 결과는 알려져 있지 않다.

예수가 십자가에 달리기 6개월 전, 그러니까 요한복음 3:1-15의 대화가 있고서부터 18개월 이후 초막절에 예수가 예루살렘에 올라온 때, 니고데모는 공회 의원이 예수를 정당하게 취급할 것을 주장하다가 오히려 그들에게 핀잔을 받았다.^{요 7:50-52} 다시 그로부터 6개월 후, 니고데모와 공회 의원의 한 사람인 아리마대 사람 요셉은 십자가에 못 박혀 죽은 예수의 시체를 안식일에 십자가에 달린 채 있게 하지 않으려고 정중하게 매장했다.^{요 19:39}

이 나중 두 사건에 의해 니고데모는 예수의 동기의 순결을 인정하고 있었던 것과, 또 사랑하기까지는 이르지 못했을지라도 그에 대한 개인적 존경의 마음을 품고 있었음을 엿볼 수 있다. 그는 후에 그리스도인이 되었다고 신약성경에 기록되어 있지 않으나, 그럴 수 있는 일이다. 초대 그리스도인의 전설에는 그렇게 전해지고, 또 후대의 위경^{'빌라도 행전'이라고도 하는}을 그가 기록했다는 설은 그리스도인 사이에 통설로 되어 있었다고 한다.

적으로 유력한 인물이었으므로 총독에게 가서 그런 요구를 할 수 있었을 것이다.

그런데 유대인들의 경우는 장례법이 특별했다. 신명기에서는 비록 나무에 달려 사형을 당한 사람의 시신이라도 해지기 전에 장례를 치르라고 가르치고 있었다.신 21: 22-23 따라서 로마식의 사형수 시신 처리법은 유대식 관습과는 상치되는 것이었다. 그러나 유대인들도 악인으로 정죄된 사람들은 정상적인 묘실에 안치되는 것이 옳지 않다고 생각했다.왕상 13: 21-22 왕들까지도 하나님 앞에서 악한 왕으로 지목된 사람들은 정상적인 왕의 묘실에 들어가지 못했던 것이다. 이렇게 미루어 생각한다면 십자가에 달려 죽은 예수의 시신을 고이 내려 새 무덤에 안치할 수 있었다는 것은 특별한 경우였다.

구약의 장례법

사람이 만일 죽을 죄를 범하므로 네가 그를 죽여 나무 위에 달거든 그 시체를 나무 위에 밤새도록 두지 말고 그 날에 장사하여 네 하나님 여호와께서 네게 기업으로 주시는 땅을 더럽히지 말라 나무에 달린 자는 하나님께 저주를 받았음이니라(신21:22-23).

묘실 안치법

그가 유다에서부터 온 하나님의 사람을 향하여 외쳐 이르되 여호와의 말씀에 네가 여호와의 말씀을 어기며 네 하나님 여호와께서 네게 내리신 명령을 지키지 아니하고
돌아와서 여호와가 너더러 떡도 먹지 말고 물도 마시지 말라 하신 곳에서 떡을 먹고 물을 마셨으니 네 시체가 네 조상들의 묘실에 들어가지 못하리라 하셨느니라 하니라(왕상13:21-22).

▌제자들 도망간 자리 공회원 두 명이 장례 치러
▌몇 명의 여인들이 자리 지켜

유대인들은 유월절 축제가 시작되는 안식일이 되기 전에 시체들을 내려 처리해 달라고 빌라도에게 요구했다. 함께 십자가에 못 박힌 두 강도는 아직 목숨이 끊어지지 않았으므로 그들의 다리를 꺾어버려 혹시 있을지도 모르는 도주극을 확실하게 예방하였고, 예수는 이미 죽었으므로 확인차 군인 하나가 옆구리를 창으로 찔러보았다. 이제 해가 저물어 가고 있을 때막 15: 42 요셉은 유대인들의 관습으로는 해가 지기 전에 시신을 내려 장례까지 마쳐야 한다고 생각했다. 서둘러 빌라도에게 가서 시신을 내려 장례를 치르게 해 달라고 요청하였다. 빌라도는 그의 처형을 책임졌던 백부장을 불러 그의 죽음을 확인

한 뒤에 요셉의 요청을 허락했다. 요셉은 시신을 내려 준비해두었던 세마포로 싸서 자신의 소유였던[마 27: 60] 처형 장소에서 그리 멀지 않은 곳에 있는 동굴로 된, 아직 아무도 사용하지 않은 새 무덤에 안치하였다. 비록 다른 용도로 쓰려고 사두었던 세마포가 있었고 그의 하인들이 그 절차 수행을 도왔으리라고는 하더라도 이런 절차를 거치는 데는 상당한 시간[적어도 1-2 시간]이 걸렸을 것이므로 이런 절차는 예수가 운명한[오후 3시경] 뒤 오래지 않아 시작되었을 것이다. 그렇게 조촐한 장례는 끝났다.

거기에는 십자가를 떠나지 않았던 몇 명의 여인들[막달라 마리아와 다른 마리아, 그리고 갈릴리에서 따라온 여인들]도 그 장례 절차를 따라 함께 보고 있었고[마 27: 61; 막 15: 47; 눅 23: 55] 다른 공회원 니고데모도 함께 했었다. 숨은 제자 중의 한 사람이었던 그는 일찍이 사람들의 눈을 피해 밤에 예수를 찾아와 중생의 도리를 배운 사람이었다.[요 3: 1-15] 그는 예수의 장례를 위해 상당량[백 리트라 쯤, 100 x 327g]의 몰약과 침향 섞은 향품을 가져와서 시신을 향품으로 처리할 수 있게 하였다.[요 19: 30] 예수의 열두 제자들은 한 사람도 그의 장례 절차에 참여하지 않았다. 물론 그들은 예수가 잡히던 그 밤에 모두 도망해버렸고, 십자가 밑에는 요한만 있었다. 베드로는 역시 멀찍이 떨어진 곳에서 바라보았으리라 짐작된다. 장례 절차가 수행될 때도 역시 그들은 그렇게 멀리서 바라보고만 있었을 것이다. 부활의 아침에 그들이 곧장 예수의 무덤에 간 것으로 미루어 생각할 수 있는 일이다.

예수의 예언대로 부활 염려한 제사장들, 빌라도에 무덤 경비 요청
제자들 아닌 경비병들이 메시아의 무덤 지키는 흥미로운 일 벌어져

장례 절차가 끝나고 동굴무덤 입구는 큰 돌로 막아두었다. 아마 짐승들이 시신을 훼손하는 것을 방지하기 위해서였을 것이다. 그러나 성경은 그런 장례절차를 지켜본 바리새인들과 대제사장들이 빌라도에게 무덤의 경비를 요청했다고 기록하고 있다. 그의 제자들이 그 시신을 훔쳐가고 그가 예언한 대로 부활하였다는 소문을 퍼뜨릴지도 모른다는 염려 때문이다. 그들의 불안한 심경을 엿볼 수 있는 대목이다. 그리고 그들은 "후의 속임이 전보다 더 클까 하나이다"[마 27: 64]라고 함으로써 비록 '속임'이라는 표현을 썼다고는 하더라도 예수의 영향력이 컸음을 인정하는 것이 되었고, 부활 후에 그의 영향력^{복음}의 위력을 예언하는 것이 되었다. 역시 빌라도는 그것도 허락했다.^{마 27: 62-66} 그래서 제자들이 아니라 경비병들이 메시아의 무덤을 지키는 흥미로운 일이 벌어졌다. 그리고 모두는 유월절이면서 안식일인 다음 날을 율법에 따라 쉬었다. 그 경비병들만 예외적으로 그들의 임무를 수행했다. 예수를 따르던 사람들은 모두 경건한 신앙을 가진 사람들이었던 것이다.

십자가에서 내림ⓒ로히르 반 데르 웨이덴

예수의 시신을 십자가에서 내리는 장면을 묘사하면서, 회화는 수난 이야기에 새로운 인물 아리마대 사람 요셉을 소개한다. 아리마대는 예루살렘에서 20킬로미터 정도 떨어져 있는 작은 마을이다. 요셉도 성전 의회의 의원이었지만 그리스도에 대해서는 대다수의 의원들과 의견이 달랐다. 그는 제자는 아니었지만 적어도 그리스도에게 호감은 갖고 있었다. 빌라도로부터 예수를 십자가에서 내릴 허가를 얻은 사람, 또 그의 시신을 쌀 천을 가져온 사람이 바로 그였다. 가끔 그림에 등장하는 또 다른 인물 니고데모는 염하는 데 쓰는 몰약을 가져왔다.
그들 옆에서 다시 한 번 여인들과 사도 요한을 보게 된다. 아리마대 요셉은 골고다 언덕 바로 옆에 있는 바위 동굴로 아직 한 번도 사용된 적이 없는 무덤을 갖고 있었다. 그들은 예수의 시신을 거기에 눕히고 큰 바위를 굴려 입구를 막아 놓았다.

©피에로 델라 프란체스카

그리스도의 부활

피에로 델라 프란체스카의 그리스도의 부활에서 예수는 승리의 깃발을 들고 있다. 자신의
시신이 안치되었던 석관에 한쪽 발을 올린 채 정면을 향한 예수의 모습에서 범접할 수 없는
카리스마가 느껴진다. 그에 비해 이 어마어마한 사건을 전혀 감지하지 못한 채 잠에 빠져 있
는 병사들은 궁상맞아 보이기까지 한다. 피에로 델라 프란체스카는 그림 속에 자신의 얼굴
을 그려 넣었다. 왼쪽에서 두 번째, 곤하게 자는 병사가 바로 그다. 늘 깨어 있으라는 예수의
가르침을 알고 있으면서도 불신과 무지와 조롱으로 지옥 같은 하루를 보내고 있는 인간됨
의 나약함을, 화가는 자신의 얼굴을 통해 표현하고 있다.

유월절 다음 날 아침, '날이 아직 어두울 때', 막달라 마리아를 비롯한 세 여인이 장례의식의 마지막 절차를 위해 향료를 가지고 무덤에 왔다. 그들은 입구를 막아 두었던 돌이 치워지고, 무덤이 비어 있는 것을 보았다. 한 천사가 곁에 앉아 있다가 그들에게 말했다. "왜 살아계신 분을 죽은 자들 가운데서 찾느냐? 사도들과 베드로에게 가서 그분이 갈릴리에서 기다리신다고 전하여라." 겁에 질린 그들은 달려가 제자들에게 그 소식을 전했으나 제자들은 허튼소리로 여겼다. 그러나 베드로와 요한은 무덤으로 달려갔고 그들도 무덤이 비었음을 확인하였다. 그제야 그들은 그들의 주님이 부활하신 것을 알게 되었다. 복음서에 충실하게 서양회화는 언제나 세 연인과 한 천사를 보여준다. 때로는 경비병이 여

ⓒ휘베르트&얀 반 에이크

전이 기절한 상태로 등장하기도 하고, 드물기는 하지만 숨이 끊길 지경으로 무덤을 향해 달려오고 있는 두 사도가 모습을 보일 때도 있다. 언덕 중턱을 파낸 중동식 전통 무덤인 경우는 매우 드물고, 고대 그리스 라틴식의 석관일 때가 가장 흔하다. 반 에이크의 그림은 향료를 담은 단지, 천사의 의상, 날개 같이 꼭 따라야 하는 디테일을 존중하는 가운데에서도 화가들이 누렸던 폭넓은 자유를 잘 드러내고 있다. ◢

━━━━━━

마태복음을 빌자면, 막달라 마리아와 다른 마리아가 예수의 무덤을 찾을 때는 동틀녘이었다. 그리고 이미 그때 예수는 부활한 직후였다. 조반니 벨리니의 <그리스도의 부활>은 사건의 시간적 묘사가 뛰어나다. 15세기, 르네상스가 한참 무르익어갈 무렵에 베네치아 화가들은 피렌체를 중심으로 한 다른 지역의 화가들과 달리 빛과 대기의 변화에 민감했다. 따라서 다른 지역에 비해 시간대가 자연스럽게 표현되곤 한다. 벨리니의 작품에는 죽음을 극복한 승리의 깃발을 든 채 공중으로 떠오르고 있는 예수의 뒷편으로 이른 아침의 신선한 공기가 고스란히 느껴지는 것 같다. 미처 잠에서 깨어나지 못한 병사들의 모습이 보이고, 뒷편으로 무덤을 찾는 세 여인의 모습이 아련히 보인다. 전체적으로 자연스러워 보이는 이 장면에 뜬금없이 토끼 두 마리가 나타난다. 벨리니가 세 여인들보다 덩치가 커 보이는 토끼들을 그냥 그렸을 리는 없다. 그리스도교 회화에서 토끼는 구원을 향한 열망으로 해석된다. 이 그림에 중요한 조연으로 출연하는 동물이 또 하나 있다. 그림 왼쪽 나뭇가지에 앉아 있는 펠리컨(사다새)이다. 당시 사람들은 펠리컨이 자신의 옆구리 살을 스스로 쪼아 벌린 뒤에 그 상처에서 나온 피로 죽은 새끼 새를 살린다는 전설을 믿고 있었다. 펠리컨이 이 그림에서 의미하는 바는 분명하다. 자신의 피로 영원히 죽은 죄인인 인간을 구원하는 하나님의 깊은 사랑을 상징한다. ◢

ⓒ조반니 벨리니

무덤가에 있는 세 명의 마리아

ⓒ두초 디 부오닌세냐

❖ 여러 마리아, 셋이나 넷으로 묶여
❖ 부활 그림에 등장하곤 해
❖ 그들을 맞은 건 천사
❖ 예수는 이미 부활한 뒤

예수의 무덤에 찾아간 여인이 누구인지는 복음서마다 약간씩 다르다. 마태복음에는 '막달라 마리아와 다른 마리아'라고 되어 있고 마가복음 같은 경우에는 '막달라 마리아와 야고보 어머니 마리아, 그리고 살로메'라고 표현되어 있다. '야고보의 어머니 마리아'는 예수의 열두 제자 중 하나로 야고보서를 쓴, 예수의 사촌동생뻘인 야고보의 어머니를 칭한다.

이 여러 마리아들은 그저 셋 혹은 넷으로 묶여서 부활 그림에 등장했다. 두초가 그린 무덤가의 세 마리아는 막달라 마리아, 살로메의 마리아, 클레오파스의 마리아인 듯하다. 유대의 풍습에 따라 세 여인은 예수의 시신에 향료를 뿌리기 위해 무덤을 찾았다. 그러나 그들을 맞은 것은 싸늘한 예수의 시신이 아니라 천사였다. 석관 뚜껑이 열려 있는 것으로 보아 예수는 이미 부활한 뒤다. 세 여인은 이름도 같지만 생김새마저 비슷해서 누가 누구인지 구분하기 어렵다. 보통 향유병을 지닌 여인이 막달라 마리아인데, 이 그림에선 두 명의 여자가 향유병을 들고 서 있다.

━━━━━━

제자들이 시신을 훔쳐갈 것을 염려한 사제들과 바리새인들은 무덤에 보초를 세워 줄 것을 빌라도에게 요청
하였다. 다시 한 번 로마 총독은 그의 불편한 심기를 드러냈다. "당신에 경비병이 있지 않소. 그러니 마음대로
잘 지켜보시오." 그래서 유대인들은 무덤을 봉인하고 경비병을 세워 무덤을 지키게 하였다. 유월절 다음 날
아침, 천사가 내려와 무덤을 열었다. 큰 지진이 일어났다. 경비들은 너무나 겁에 질려 떨다가 까무러쳤다.

여인들도 제자들도 그리스도가 무덤을 떠나는 광경을 본 것은 아니므로, 복음서는 그 사건 자체를 묘사하고
있지 않다. 하지만 부활 자체의 영광이 엄청난 것이기에, 복음사가들이 비워 놓은 대목을 그림으로 채우려는
노력들이 있어왔다. 라파엘로가 그린 <부활>의 배경에는 마리아와 다른 여인들이 복음서가 언급하고 있는
향료를 작고도 정교한 단지에 담아 무덤으로 오고 있다. 그런데 라파엘로가 그린 세 여인 중 둘은 서로를 바
라보며 이야기를 나누는 것으로, 제 삼의 여인은 섬세하게 디자인된 자기 단지를 경건하게 바라보는 것으로
그려놓았다. 다시 말해 라파엘로는, 그리스도가 무덤에서 솟아오르는 바로 그 순간 무덤이 보일 만한 곳에 여
인들을 배치함으로써 그들이 부활을 본 것처럼 보이게 하는 것만은 피하고 있는 것이다.

'다시 사신 예수'

　이렇게 그 밤과 그 다음 하루가 온전히 지났다. 유월절 겸 안식일금요일 해질 때 부터 토요일 해질 때까지이 지난 다음 날 아침 동이 트고 있었다. 마가복음은 '해 돋을 때' 라는 말을 덧붙이고 있다 장례절차를 지켜보았던 그 여인들막달라 마리아, 야고보의 어머니 마리아와 살 로메이 준비해두었던 향품을 가지고 무덤을 찾았다. 가면서 한 걱정은 무덤 입 구에 막아놓은 큰 돌이었다. 그것은 여인들 둘이나 셋의 힘으로 굴려낼 수 있 는 것이 아니었기 때문이다. 그 때 다시 큰 지진으로 땅이 흔들렸고 그 돌은 멀찍이 굴러가 버렸다. 마 28: 1; 막 16: 1-3; 눅 24: 1 하늘에서 천사들이 내려와 한 일이 었다. 먼저 놀란 것은 경비병들이었다. 그들은 지진이 일어나고 무덤을 막아 둔 돌이 한쪽으로 굴러가버리고 그 돌 위에 놀라운 모습의 천사가 앉아있는 것을 보았고, 예수가 다시 살아서 나오는 모습을 직접 보았을 것이다. 그들 은 무서워하며 떨면서 죽은 사람처럼 되었다고 했다. 한참이 지나서야 정신 을 차린 그들은 성내에 들어가서 대제사장들에게 사태를 그들이 본 그대로 보고했다. 보고를 받은 대제사장들과 백성의 장로들은 즉시 대책을 논의하고 일단 경비병들의 입을 막으려고 많은 돈을 주면서 그들이 잠든 사이에 예수 의 제자들이 와서 그 시신을 도둑질하여 가져가버렸다고 소문을 내게 했다. 사실을 은폐하려는 시도였으나 그것은 결코 감출 수 없는 사실이었다. 돈으 로 가룟 유다를 매수하여 그의 선생 예수를 그들에게 넘겨주게 했던 사람들 이 이제 돈으로 그 사건의 최초 목격자들인 경비병들을 매수하여 그들로 하 여금 거짓 정보를 퍼뜨리게 한 것이었다. 그들은 경비병들의 신변도 책임지 고 보호해줄테니 안심하라고까지 했다. 마 28: 2-4, 11-15

　다른 한 편 무덤을 찾아가던 여인들은 그 돌을 걱정하면서 갔지만 무덤에 가까이 갔을 때 그들은 이미 그 돌이 굴려져버렸다는 것을 알고 놀랐다. 그들 이 서둘러 무덤으로 가서 안을 들여다보고는 더 크게 놀랐다. 무덤은 비어있 었다. 거기에 시신이 없었던 것이다. 그 대신 거기에서 그들은 흰 옷을 입은 한 청년이 앉아있는 것을 보았다. 하나님의 천사가 시신이 있던 자리 옆에 있

"나를 만지지 말라"

무슨 일이 일어난 것인지 이해하지 못한 채 넋이 나가서 마리아 막달라, 그 회개한 여인은 빈 무덤가에서 울고 있었다. 무덤 안쪽에 흰옷을 입은 두 남자가 앉아 있는 것이 보였다. 그들은 그녀에게 슬퍼하는 까닭을 물었다. 그들이 천사인 것을 알아보지 못하고, 그녀는 이렇게 대답했다. 누군가 내 주님을 훔쳐갔습니다. 그분을 어디에 두었는지 모르겠어요. 그녀의 뒤에서 갑자기 다른 사람이 말을 걸었다. "여자여, 왜 우는가?" 그녀는 그가 정원지기인 줄로 알고 물었다. "그분을 모셔간 사람이 당신이면, 어디다 모셨는지 알려주세요." 그 사람은 다시 단 한마디로 그녀를 불렀다. "마리아!" 그제야 깨닫게 된 그녀 역시 단 한마디로 대답했다. "라뿌니!" 그 말은 히브리어로 나의 스승님이라는 뜻이다. 그녀는 그를 끌어안으려고 달려갔다. "나를 만지지 말라"고 그리스도는 대답했다. "나는 아직 아버지께로 올라가지 않았다." 그런 다음 그는 자신이 부활하였다는 것을 제자들에게 가서 알리라고 하였다. 마리아에게 그리스도가 말한 "나를 만지지 마라(Noli me tangere)" 는 서구에서 가장 잘 알려진 라틴어 문장이다.

었던 것이다. 누가복음은 찬란한 옷을 입은 두 사람이 그 곁에 서있었다고 했다. 어쨌든 거기에 나타난 천사들이 남자의 모습이었다는 것은 분명하다. 그 천사들은 여인들에게 "예수께서 부활하셨다"는 사실을 알려주었고 그 "사실을 제자들에게 빨리 알리라"고도 했다. 여인들은 그대로 실행하여 근심에 잠겨있는 제자들에게 예수가 부활하였다는 사실을 전했다.마 28: 3-6; 막 16: 5-8; 눅 24: 5-8 여인들은 예수가 부활하였다는 복음의 소식을 전한 최초의 인물들이 된 것이다.

부활이라는 팩트에 반론을 편 사람들은 늘 있어와 ··· 반대를 위한 반대일 뿐
그리스도의 부활이 없었다면 기독교는 존재할 수 없어

그 소식을 전해들은 베드로와 요한은 무덤으로 달려갔다. 좀 더 젊은 요한이 먼저 무덤에 도착해서 무덤 안을 들여다보았다. 시신은 없고 그를 쌌던 세마포만 볼 수 있었다. 베드로는 뒤이어 안으로 들어가 보았다. 안에는 세마포가 있고 시신의 머리를 쌌던 수건은 따로 놓여 있었다. 두 사람은 비어있는 무덤을 확인하고 나서야 예수가 다시 사셨다는 것을 믿게 되었다. 그래도 사실을 완전히 이해할 수는 없었으므로 이런저런 생각을 하며 각기 자기 집으로 돌아갔다.눅 24: 12 역시 여인들처럼 적극적으로 그 소식을 전하지는 못했다.

그러나 예수의 부활이라는 역사적 사실에 대해 반론을 편 사람들은 늘 있어왔다. 가사假死상태가 아니라 완전히 죽은 사람이 그것도 서른여섯 시간 이상이나 지나서 다시 살아난다는 것은 과학적으로나 자연의 이치로나 전혀 부합되지 않는다는 것이다. 그 이야기는 제자들이 조작해낸 이야기들에 불과하다는 이론과 그가 완전히 죽은 것이 아니라 일시적으로 기절한 상태로 있다가 새벽의 냉기에 정신을 차리고 무덤에서 빠져나왔다는 기절설 등이 주류를 이루는 반대 이론들이다. 그러나 그런 이론들은 그 근거를 찾을 수 없는 반대를 위한 반대일 뿐이다.

만일 그리스도의 부활이 없었다면 기독교는 아예 그 존재가 없었을 것이다. 부활이 없는 기독교가 가르치는 진리는 모두 거짓에 불과할 것이기 때문이다.

부활한 예수를 만난 사람들

부활한 예수, 육체 아닌 시공간 초월해 나타날 수 있는 영체로서의 몸
그리스도인 부활을 체험할 때 누릴 수 있는 몸의 모형

　예수가 부활하였는 증거를 이야기할 때 우선은 부활한 그를 만난 사람들의 증언을 먼저 거론할 수밖에 없다. 성경 독자라면 신약성경을 통해 무덤에서 다시 살아 나온 예수가 승천하기까지 그의 제자들에게 나타나 그들을 만난 이야기를 확인할 수 있다. 예수가 부활한 몸이 된 것이다. 그의 부활한 몸은 우리가 가진 육체physical body가 아니라 시공간을 초월하여 나타날 수 있는 변화된 몸, 곧 영체靈體: spiritual body로서의 몸이었다. 앞으로 우리가 부활을 체험할 때 누릴 수 있는 몸의 모형을 보여준 것이었다.

　부활한 그가 맨 먼저 만난 사람이 막달라 마리아 한 명이었는지, 아니면 그녀를 포함해 함께 무덤을 찾아간 여인들^{막달라 마리아, 작은 야고보의 어머니 마리아, 살로매와}
^{요안나}이었는지도^{막 28: 5-10} 쉽게 판단하기 어렵다. 마가복음과 요한복음은 막달
라 마리아에게 "먼저 보이셨다"고 전하고,^{막 16: 9; 요 20: 11-18} 마태복음은 그 여인들
여럿에게 먼저 나타난 것으로 말하고 있다.^{마 28: 9-10} 그러나 일반적으로 막달
라 마리아가 부활한 그리스도를 맨 먼저 만났다는 편을 택하고 있다. 약간 무
리를 해서 두 이야기를 조화시켜 본다면 막달라 마리아는 천사들의 말을 듣
고 먼저 달음질하여 그 소식을 제자들에게 전했고 베드로와 요한이 무덤으
로 갈 때 그녀도 함께 가서 무덤 밖에서 울고 있을 때 예수가 울고 있는 마리
아에게 위로자로서 만났다. 왜 일곱 귀신이 들렸다가 고침을 받은 마리아가
제자들보다 부활한 예수를 먼저 만나는 영광을 누렸을까? 물론 확실한 답은
모른다. 그리스도를 향한 헌신적인 사랑이 그녀에게 그런 영광과 은혜를 누
리게 했다는 추론이 일반적이다. 함께 갔던 여인들의 경우도 마찬가지다. 그
녀들이 제자들에게 그 소식을 알리려고 막달라 마리아의 뒤를 따라 달려갈
때 예수는 그들에게 "평안하냐?"하고 인사를 건넸다. 그 인사말은 유대인들
의 일반적인 인사말이었다. 여인들은 그에게 나아가 그 발을 붙잡고 경배했
다. 예수는 다시 그들에게 "무서워하지 말라. 가서 내 형제들에게 갈릴리로
가라 하라. 거기서 나를 보리라"고 말했다.^{마 28: 8-10}

부활한 예수, 여인들에 이어 만난 두 번째 인물은 베드로
엠마오 도상에서 부활 예수 만난 두 제자, 함께 걸으면서도 못 알아봐

성경은 예수가 여인들 다음으로는 베드로에게 나타났다고^{눅 24: 34; 고전 15: 5} 전
한다. 그러나 언제 어디, 어떤 상황에서 만났는지에 대해서는 전혀 알 수가
없다. 아무리 막달라 마리아와 다른 여인들이 부활한 예수를 만났다고 이야
기를 해도, 또 비어있는 무덤을 보고서도 예수의 부활에 대한 확신을 가지지
못하고 고민에 빠져있는 수제자 베드로에게 확신을 심어주기 위해서였을 것
이다. 복음전도의 선봉에 서서 제자의 길을 담대히 가게 하기 위해서였을 것
이다. 어쨌든 이 후로 그는 그렇게 두려워서 자신의 입으로 "주는 그리스도시
며 살아계시는 하나님의 아들입니다"^{마 16: 16}라고 고백하고서도 그를 모른다고

맹세하고 저주하며 부인했었던, 그래서 비굴해보이기까지 했던 그가 담대하게 대제사장들과 유대교 지도자들 앞에서 당당하고 대담하게 예수의 죽음과 부활을 선포하는 사람으로 변할 수 있었다. 신앙생활에서 주님을 만나는 직접체험이 중요함을 보여주는 셈이다.

‖ 부활한 날로부터 일주일 지난 날 제자들 집안에 모여 있을 때 나타나 ‖ 예수의 부활 믿지 않고 버틴 제자 도마에게 옆구리 흔적 보여줘

예수가 부활한 날 오후 글로바라는 제자와 다른 한 사람은 예루살렘에서 서쪽으로 약 10킬로미터 떨어진 엠마오라는 마을로 가고 있었다. 예수는 그들에게 나타났다. 하지만 예수가 다시 살아났다는 말을 듣기는 했으나 역시 이해할 수 없었던 그들은 여전히 슬픔에 잠겨 있었다. 예수의 부활 소식을 이야기하면서 길을 가고 있을 때 마침 부활한 예수가 나타나서 그들과 함께 걸었다. 그러나 두 사람은 그를 알아보지 못했다. 그들이 알고 있던 모습과 다른 변화된 몸으로 나타났고, 자기들의 이야기에 몰두하고 있었기 때문이다. 함께 예수의 죽음을 이야기하다가 저녁 식사를 함께 할 때에야 그들의 영안

ⓒ클로드 로랭

예수의 부활 소식을 이야기하면서 길을 가고 있던 엠마오 도상의 두 제자는 마침 부활한 예수가 그들과 함께 걷고 있었으나 그를 알아보지 못했다.

베드로

성은 시므온[행15:14] 또는 시몬[마4:18]이었다. 이것은 창세기 29:33에 나오는 한 부족의 조상에서 연유하여 유대인들에게서 흔히 볼 수 있는 이름이다. 히브리어의 시므온, 아람어의 스이몬은 헬라어역에서 스매온이라고 쓰여져 진짜 희랍[라] 이름 시몬이 이를 대신하여 쓰여지고 있었다. 베드로는 아람어 게바의 헬라어역인데, 후에 스승 예수가 준 '반석'을 의미하는 별명이다. 그는 같이 예수의 사도가 된 그의 형제 안드레와, 사도 빌립과 마찬가지로 갈릴리의 벳새다라는 동리 출신이다.[요1:44] 이 벳새다의 위치에 대해서는 여러 가지 이설이 있다. 그러나 가버나움 근처 어부들이 사는 동리였던 것 같다. 이 벳새다란 '어부의 집'이란 의미이며, 갈릴리에는 많은 이름의 동리가 없기 때문에 이것이 옳은 판단인 것 같다.

복음서에도, 사도행전에서도 '베드로' 또는 '시몬'이란 이름으로 불리우고 있으나, 바울은 그에게 언급할 때 갈라디아서 2:7, 8을 제외하고는 '게바'란 이름으로 쓰고 있다.[고전1:12, 3:22, 9:5, 15:5, 갈1:18, 2:9-11] 베드로의 부친은 요한[요21:15]이었다. 그의 형제 야고보와 요한도 역시 어부였다. 아마 아버지의 대로부터 가업으로 종사한 모양이다. 그는 예수를 처음 만났을 때, 이미 아내가 있는 몸이었다. 그는 제자들 사이에서 항상 지도적 지위를 차지하고 있던 것을 보면, 당시의 유대인은 젊은 사람을 지도자로 하는 습관은 없었기 때문에, 상당히 연장자였으리라고 여겨진다. 그의 가정은 부친의 대로부터 극빈하였다고 후세의 한 전설은 전하고 있으나, 그들 형제는 자기의 고기잡이 배를 소유하고, 예수와 그의 제자들을 초대할 수 있을 만한 집에서 살고 있는 었으니 중류 이하 정도의 생활 형편은 되었을 것이다. 베드로가 받은 교육은 사도행전 4:13에는 '학문 없는 범인'이라고 불리우고 있으나, 그렇다고 완전한 문맹자는 아니었을 것이다. 당시 유대인은 초등 교육을 회당에서 받았는데, 상당히 보급되어 있었다. 후년에 서신을 써서 소아시아 교회에 보낸 사실을 보더라도 다소의 교육은 있었다는 것이 수긍된다. 따라서 사도행전의 윗말은 '신학적 교양 없는 평민'이라는 정도의 의미로 받아들이는 편이 더 정확할 것이다.

예수 승천 후 기독교 재건 운동에도 베드로는 선두의 지도자였다. 열두 제자 중에서 배신하여 없어진 가룟 유다의 후계자로서 맛디아를 선거했는데, 이것도 베드로의 제의에 의한 것이었다. 이들 열두 명을 핵심으로 하는 120명의 무리가 주님의 명령을 좇아 약속된 성령의 강림을 대망하면서 계속 기도에 힘썼다. 오순절 '대사건이 일어났을 때 주석 연사로서 대연설을 한 사람 역시 베드로였다.[행2:14-36] 즉 그는 예수 승천 후에 일어난 초대교회의 총수격이었다.[행1-2장]

스데반 사건 이후, 박해가 더욱 가중해진 결과 각지로 추방된 제자들의 활동에 의해 복음 전선은 오히려 확대되었으나, 이와 같은 정세의 틈바구니에서 베드로는 이에 잘 적응하여 활동했다. 사마리아 전도가 시작되자, 그는 빌립을 돕고,[행8:14-24] 계속해서 사방 각처를 순방하면서 룻다·욥바·가이사랴 등지에 발자취를 남겼다. 그는 이방인의 사도로 임명한 바울보다 먼저 이방인 전도에 손을 댔다. 그는 이달리야대라 하는 군대의 백부장 고넬료의 초청으로 그 가정에 가서 복음을 전하고 세례를 주고 이방인인 그를 교회에 받아들임으로써 "저를 믿는 사람들이 다 그 이름을 힘입어 죄 사함을 받는다"[행10:43]라는 복음의 진리를 분명히 하여 예수 그리스도의 구원의 문호를 무할례자 이방인에게도 활짝 열었다.[행10:1-48] 또 이 문제에 관한 유대주의 기독교와의 논쟁을 결정하기 위해 열린 예루살렘회의에 야고보·요한과 더불어 예루살렘 교회의 지도자로서 이방인에 대한 사도 바울과의 완전한 일치로[갈2:6, 9]복음의 진리 확인을 위해 크게 기여했다.[행15:1-29]

그런데 예루살렘 회의 후 그의 이름은 사도행전의 역사에서 사라져 어디서 무엇을 했는지 알 수 없다. 그의 죽음에 대해서도 예수의 예언[요21:19] 이외에 성경에 기록되어 있지 않다.

이 열려 그를 알아보았지만 예수는 이미 보이지 않았다. 그들은 곧장 예루살렘에 돌아가 함께 모여 있는 제자들에게 이 이야기를 전한다.^{막 16: 12; 눅 24: 13-35}

Tomas: 쌍둥이

제자들에게도 예수는 나타났다. 거기에 가룟 유다는 이미 죽고 없었고 무슨 연유에서인지 도마도 빠지고 없었다. 열 제자만 모인 자리에서 베드로가 그날 있었던 일들을 자세히 설명해주었고, 엠마오에서 돌아온 두 제자도 와서 자기들이 부활한 예수를 만난 이야기를 들려주었다. 그들은 동족인 유대인들이 두려워 문을 걸어잠그고 그날의 이야기들로 놀라움과 의혹에 잠겨 있었다. 그 때 예수가 왔다. 이제 그들 모두에게 한꺼번에 나타났으니 그의 부활은 의심할 수 없는 현실로 확인되었다.^{눅 24: 36-43; 요 20: 19-23}

예수의 열두 제자 중 한 사람인 도마는 공관복음에서 그에게만 주어진 유일한 이름이다.^{마10:3, 막3:18, 눅6:15, 행1:13} 요한복음에서는 그 이름에 디두모^{쌍동이, 히브리어 도밈, 창25:24와비교}라는 설명이 추가되어 있다.^{요11:16, 20:24, 21:2}
도마는 예수가 위험을 무릅쓰고 베다니에 가려할 때 다른 제자들과 달리 '우리도 주와 함께 죽으러 가자'^{요11:16}고 했던 인물이다.

그 다음으로는 도마까지 포함된 열한 제자가 모두 모인 자리에 예수가 나타났다. 부활한 날로부터 꼭 일주일이 지난 날 제자들이 집안에 모여 있을 때였다. 지난 번에 부활한 예수를 직접 만나지 못했던 도마는 그 사실을 믿을 수 없다고 버텼는데 이 번에는 그 도마까지 함께 있는 자리였다. 온전히 도마를 위한 자리였던 셈이다. 의심하는 그에게 예수는 "네 손가락을 이리 내밀어 내 손을 보고 네 손을 내밀어 내 옆구리에 넣어보라. 그리하여 믿음 없는 자가 되지 말고 믿는 자가 되라"고 하였다. 도마는 "나의 주님이시요, 나의 하나님이시니이다."라는 신앙고백을 했다. 예수는 "너는 나를 본 고로 믿느냐? 보지 못하고 믿는 자들은 복되도다"라고 함으로 체험적인 신앙의 중요성과 직접체험만이 아니라 간접적으로 전해 듣기만 하고 믿는 믿음의 중요성을 함께 강조했다.^{요 20: 24-29}

사도들

예수는 갈릴리 바닷가에서 소명했던 제자들을 부활 후 다시 같은 장소에서 만나
다시 한번 그들의 소명을 일깨워준다.

    복음서를 통해 확인되는 부활한 예수가 나타난 그 다음 이야기는 갈릴리^디^{베랴} 호숫가에서다. 그곳에는 일곱 제자가 있었다. 얼마나 시간이 흘렀는지 알 수 없으나 예수는 부활한 후 40일 후에 하늘로 올라갔으므로 그 사이의 어느 때였다. 무엇을 어떻게 해야 할지 갈피를 잡지 못하고 여러 날을 보내던 베드로는 다시 자신의 옛 생활 곧 갈릴리 호수에서 고기잡이를 하던 삶으로 돌아가겠노라고 결심하고, 그 결심을 함께 있던 다른 제자들에게 이야기했다. 결국 갈릴리 출신의 다른 제자들도 함께 따라갔다. 동생 안드레와 동업자였던 야고보와 요한 형제, 도마와 나다나엘,^{바돌로매} 아마 나다나엘의 친구였던 빌립까지 그의 뒤를 따랐을 것이다.

    그들이 밤새 그물질을 했으나 전혀 고기를 잡지 못한 이른 아침 예수가 왔다. 배 오른편에 그물을 던지라는 예수의 말을 들은 그들은 큰 물고기 153마리를 잡았다. 처음 베드로를 소명할 때 예수는 깊은 데로 가서 그물을 내려 많은 고기를 잡게 했었다.^{눅 5: 4-7} 이 번에는 배 오른 편에 그물을 던지게 해서 고기를 잡게 했는데, 베드로의 소명감을 일깨워준 사건이었다. 이어지는 대화에서 예수는 베드로에게 "네가 나를 사랑하느냐?"는 같은 질문을 세 번 했다. 그에게 헌신의 결단을 촉구하였다.^{요 21: 1-19} 그것은 그가 수제자로서의 삶을 확실하게 살 수 있게 배려된 자리였다. 자기 백성들을 향한 주님의 세심한 배려는 지금도 변함없이 계속될 것이다.

    그 후 제자들은 예수가 말한 대로 갈릴리에 가서 그가 지시한 산에서 그를 또 한 번 만났다.^{마 28: 7, 16} 마태복음은 제자들이 선교를 위한 지상명령至上命令, the greatest commission을 거기에서 받은 것처럼 묘사하고 있으나 마가복음은 음식을 먹는 자리에서^{막 16: 14-18} 라고 묘사한다. 그리 중요한 문제는 아닐 것이다. 오히려 중요한 것은 예수 그리스도가 그들에게 준 사명의 내용일 것이다. 마가복음은 그것을 "너희는 온 천하에 다니며 만민에게 복음을 전파하라. 믿고 세례를 받는 사람은 구원을 얻을 것이요 믿지 않는 사람은 정죄를 받으리라. 믿는 자들에게는 이런 표적이 따르리니 곧 그들이 내 이름으로 귀신을 쫓아내며 새 방언을 말하며 뱀을 집어올리며 무슨 독을 마실지라도 해를 받지 아니하며 병든 사람에게 손을 얹은즉 나으리라"^{막16: 15-18}고 했고, 마태복음은 "하늘과 땅의 모든 권세를 내게 주셨으니 그러므로 너희는 가서 모든 민족을 제자로 삼아 아버지와 아들과 성령의 이름으로 세례를 베풀고 내가 너희에게 분부한 모든 것을 가르쳐 지키게 하라. 볼지어다. 내가 세상 끝날까지 너희와 항상 함께 있으리라"^{마 28: 18-20}고 했다. 같은 자리에서 전한 말씀을 나름대로 전했을 것이다. 그 사명은 예수 승천의 자리에서 다시 강조되었다.^{행 1: 8}

바울, 부활한 예수 오백 여 명의 성도들과 야고보에게도 나타났다고 증언
오백 여 명의 대다수, 고린도전서 기록할 때까지 살아 부활의 증인이 되

부활한 예수가 제자들에게 나타난 마지막 자리는 승천하는 자리였다. 부활 후 40일이 되었을 때^{행 1: 3}였다. 그가 제자들과 함께 감람산에 올라^{행 1: 12} 베다니 마을이 내다보이는^{눅 24: 50} 곳까지 갔을 때 마지막으로 그들에게 "오직 성령이 너희에게 임하시면 너희가 권능을 받고 예루살렘과 온 유대와 사마리아와 땅 끝까지 이르러 내 증인이 되리라"^{행 1: 8}는 말씀을 전하고 그들이 성령을 받음으로써 그 권능을 힘입어 세계선교의 불을 붙이게 될 것을 약속했다. 그 자리에 몇 사람이나, 또 누구누구가 있었는지를 알 수는 없다. 그러나 하늘로 올려져 가는 그를 쳐다보고 있는 사람들에게 천사들이 "갈릴리 사람들아. 어찌하여 서서 하늘을 쳐다보느냐? 너희 가운데서 하늘로 올려지신 이 예수는 하늘로 가심을 본 그대로 오시리라"^{행 1: 11}는 말씀에 비추어 생각하면 갈릴리 출신 제자들이 그 중심이었음은 분명하다. 또 그것은 "다시 오실재림 주님"에 대한 확실한 약속이기도 했다.

예수의 공생애 제일성第一聲은 "하나님의 나라가 가까이 왔으니 회개하고 복음을 믿으라"막 1: 15는 말씀이었고, 마지막 말씀은 세계선교를 위한 사명과 약속이었으니 그가 땅 위에서 했던 사역의 전체가 무엇이었는지를 엿볼 수 있다. 선교는 교회의 사명이면서, 하나님이 인간을 구원에로 이끄는 선교는 바로 하나님이 친히 주도하시는 사역임을 분명히 보여준다.

©안드레아 만테냐

승천

하늘로 올려져 가는 예수를 쳐다보고 있는 사람들을 향해 천사들은 "갈릴리 사람들아. 어찌하여 서서 하늘을 쳐다보느냐? 너희 가운데서 하늘로 올려지신 이 예수는 하늘로 가심을 본 그대로 오시리라"고 했다.

바울은 부활한 예수가 오백 여 명의 성도들과 야고보아마 예수의 동생에게도 나타났다고 전하고 있다. 그러나 구체적으로 언제 어디에서 어떻게 나타났는지에 대해서는 알 수가 없다. 다만 그 오백 여 명의 형제들 가운데 대다수는 바울이 고린도전서를 기록할 때까지도 살아있어서 부활의 증인이 되고 있다고 했다.고전 15: 6 야고보가 부활한 예수를 어떻게 만났는지 알 수는 없으나 나중에 그가 초대교회의 기둥이 된 것을 감안하면 그런 직접적인 체험이 있었다고 확실히 추정할 수는 있다. 예수의 공생애 기간 동안에 그의 가족들은 그를 믿지 않았다.요 7: 5 심지어 미친 사람으로 취급하여 붙들어오기도막 3: 21 했기 때문이다. 그런 그가 부활한 예수를 직접 만난 체험은 오순절 기도회에 그들의 어머니 마리아와 형제들 모두가 중심인물들이 되어 참여했고, 나중에 그는 예루살렘교회의 중심이 되는 지도자로 성장할 수 있게 했다.행 15장

바울은 나중에 자신도 부활한 그리스도를 만났다고 고백했다.고전 15: 8 그러나 바울이 주님을 만난 것은 예수가 부활 승천하고 여러 해가 흐른 뒤의 일이

므로 부활한 그리스도를 만난 사람들의 대열에 함께 세우는 것은 무리가 따른다. 바울이 만난 그리스도는 실제 상황이기보다는 환상에 가까운 상황에서 본 것이라는 설명을 따르는 사람들도 있으나, 그것이 오정쯤 되는 시간의 일이었으며[행 22: 6] 함께 가던 사람들도 보지는 못했지만 소리는 들을 수 있었다고 하기 때문에 그는 맑은 정신으로 부활한 그리스도를 만났다고 해야 한다. 그리고 바로 그 체험이 그의 삶을 완전히 바꾸었다. 전력을 다해 예수 그리스도의 복음을 온 세계에 전하는 사도가 되게 했다는 것이 성경의 증언이다.

10
교회사에서의 **수난절기**

절기로서 수난과 부활 의미

사순절을 어떻게 지킬 것인가에 대해서도 다양한 일들이 행해져왔다. 보통 부활절에 세례식을 행하였고, 그 이전 40일을 세례 받을 사람의 영적 준비기간으로 보는 데서 세례후보자에 대한 면밀한 조사검토를 하는 의식들과 더불어 그를 위한 기도가 행해졌다.

십자가와 부활: 복음의 핵심

십자가와 부활은 기독교의 출발점이자, 기독교 신앙의 중심이다. 십자가와 부활이 없으면 교회와 기독교는 존재하지 않았을 것이다. 그러므로 교회가 출범되면서 그 교회가 전한 복음은 바로 십자가와 부활에 관한 메시지였다. 오순절에 성령을 체험한 베드로는 예루살렘에 모인 유대인들을 향해 설교했다. 예수가 그리스도이며 그가 십자가에 달려 죽었으나 부활하였고 자신을 포함한 제자들이 그 증인이라고 선포하고 회개함으로 구원을 받으라고 권면한 것이다. 나중에 바울도 공회와 총독 벨릭스 앞에서 자신이 부활 문제로 심문을 받고 있다고 선언했다.^{행 23: 6; 24: 21} 그리고 총독 베스도와 아그립바 왕 앞에서도 그리스도의 고난과 부활을 증언하였다. 부활을 믿는 것이 바로 그리스도인이라는 것을 아그립바 왕은 인정하였다.^{행 26: 23, 28} 그리스도의 고난은 십자가 형상으로 표현되기 시작하였고, 교회가 성장 발전하면서 십자가 형상은 기독교 예배에서 중요한 자리를 차지하게 되었다. 그러나 그 형상이 사용되고 발전되어온 역사는 오랜 세월에 걸쳐 복합적인 문제들을 거쳐왔다. 기독교 역사에서 초기 몇 세기 동안에는 그리스도인들이 죄와 사탄의 권세로부터의 승리를 상징하였던 부활 사건을 더욱 소중한 것으로 여겼다. 따라서 그리스도의 그 끔찍한 십자가 사건을 거론 하는 것조차 조금은 꺼렸던 것으로 보인다. 예를 들어 로마의 박해시대를 거치면서 기독교 신앙의 거점이 되었던 카타콤^{Roman catacombs}의 벽에 그려진 그림들에서는 십자가를 찾아볼 수 없다. 그리스도는 십자가에 달린 모습보다 흔히 왕관을 쓰고있는 왕으로 표현되었던 것이다.

초대교회, 죄의 권세로부터 승리 상징하는 부활 사건을 더 강조
종교개혁 시대 거치며 가톨릭교회 제단 뒤 십자가 세우는 전통 확립

십자가가 강조되고 수난과 관련된 의식^{儀式}이 발전한 것은 12 -13세기에 와서다. 특히 성 프랜시스^{St. Francis}와 그를 따르던 사람들^{the Franciscans}이 끼친 영향으로 그리스도의 수난과 관련된 의식들이 발전하였고, 고난당한 그리스도의 형상이 나타나기 시작된 것이다. 성 프랜시스가 생애의 마지막이 가까웠을 때 십자가에 달린 예수처럼 손과 발에 못 박힌 자국을 체험한 이야기는 널리 알려진 일화 중의 하나이다. 그가 자기가 기거하던 움막에서 "나의 주님 예수 그리스도시여, 죽기 전에 두 가지 은혜를 제게 베풀어 주옵소서. 첫째로 내가 살아 있는 동안 저의 몸과 영혼에 주님께서 수난의 기간에 겪으셨던 그 고통을 가능한 많이 느낄 수 있게 하옵소서. 둘째로 나의 마음속에 하나님의 아들이신 주님께서 우리 죄인들을 위하여 당하신 고난을 기꺼이 참으시면서 보여주신 그 사랑을 가능한많이 느낄 수 있게 하옵소서."라고 간절히 기도하였고, 그 기도는 그대로 응답되었다. 그는 남은 생애 동안 손과 발, 그리고 옆구리에 난 그 상처 때문에 상당한 고통을 겪었고 그의 수도복 자락은 늘 그 상처들로부터 흘러나온 피로 물들어 있었다고 한다.

이런 십자가와 수난에 대한 상징들의 발전이 절정에 이른 것은 15세기라고 알려져 있다. 물론 4세기에 이미 십자가를 들고 행진한 이야기가 전해지고 있지만 제단에 십자가altar cross가 세워진 것은 훨씬 뒤에 생긴 전통으로 알려져 있다. 종교개혁 시대를 거치면서 로마가톨릭교회에서 제단 뒤에 십자가를 세우는 전통이 확립되었고 개신교회들에서도 예배실 전면에 십자가를 세우는 전통은 그대로 따르게 된 것으로 알려져 있다. 이제 십자가는

그리스도가 달린 가톨릭교회의 십자가상. 그 전까지는 기피했던 십자가가 종교개혁 이후 기독교 상징물로 급부상했다.

분명히 기독교를 상징하는 상징물이 되었다. 그러나 십자가는 분명히 예수의 수난을 대변하는 상징물임을 잊어서는 안 될 것이다. 따라서 십자가 형상을 장식품으로 삼는 것은 바람직한 일은 아니다.

교회사에서의 사순절과 고난주간

교회역사에서 수난과 관련하여 발전된 대표적인 절기가 사순절四旬節: the Lent이다. 언제 어디에서 사순절이라는 전통이 만들어졌는지를 정확하게 말할 수는 없다. 그러나 니케아회의the council of Nicea: 325에서 언급된 것으로 보아 교회 전통 가운데 가장 오래된 것 중의 하나인 것은 분명하다. 그것은 부활절을 앞두고 40일 동안 기도와 회개에 힘쓰는 영적 훈련spiritual discipline기간으로 부활절 전의 6주간과 그 앞의 수요일성회 수요일부터 토요일까지 46일 가운데 주일을 제외한 40일을 말한다. 사순절이 처음부터 금식과 관계되는 절기였고, 하나님께 영광을 돌리는 날로 지켜졌던 주일은 금식을 하는 날

니케아회의 the council of Nicea: 325

예수 그리스도의 신성(神性)을 부정하는 아리우스파를 이단으로 단죄하여 분열된 교회를 통일시키고, 로마 제국의 안정을 이루기 위해 325년 로마 황제 콘스탄티누스 1세가 소집한 회의다. 참석자는 318명이라고 하나 분명치 않다. 공의회에서는 팔레스타나 공동체의 세례 신경을 기초로 '동질' 이라는 용어들을 보완한 케사리아의 에우세비오 신경이 채택되어 이것을 기준으로 하여 '니케아 신경'이 공포되었다. 그 결과 네 명의 아리우스파가 파문, 유형당했고, 부활제의 시기, 이단자에 대한 세례, 서품(敍品)의 장애, 속죄 및 사제 제도 등을 제정, 결의하였다.

에서 제외한다는 생각에서였다.

모든 성도들이 부활절을 맞을 영적 준비를 하는 기간으로 발전
사순절을 어떻게 지킬 것인가에 대해서도 다양한 일들이 행해져 와

우리말로는 사순절이라면 40일 간의 절기라고 쉽게 말할 수 있지만 영어 표기 Lent는 원래 봄spring을 의미하는 말이었다. 아마 부활절은 봄에 맞는 절기요, 처음 사순절 전통이 시작될 때는 부활절에 세례를 받을 사람들의 영적 준비를 위한 과정으로 시작되었으나 세월이 지나면서 모든 성도들이 부활절을 맞을 영적 준비를 하는 기간으로 발전했으리라고 보는 것이 일반적이다. 그 기간의 길이도 처음부터 고정된 것은 아니었을 것이다. 그러나 4세기경부터 여러 지역에서 6주간을 그 기간으로 삼았던 것을 전해준다. 모세와 엘리야, 예수님의 40일 금식기도를 생각하면서 그 기간이 40일의 금식기도 기간으로 굳어지면서부터 주일은 그 기간에서 제외되었었다. 그것은 아마 주일은 금식기도를 하는 날이 아니라 기쁨으로 예배하는 날로 지킨다는 전통적인 흐름 때문이었을 것이다. 그래서 사순절의 기간은 수요일에 시작되어 다음 여섯 주간에 걸쳐 지켜지는 것이다.

사순절을 어떻게 지킬 것인가에 대해서도 다양한 일들이 행해져왔다. 보통 부활절에 세례식을 행하였고, 그 이전 40일을 세례 받을 사람의 영적 준비기간으로 보는 데서 세례 후보자에 대한 면밀한 조사검토를 하는 의식들과 더불어 그를 위한 기도가 행해졌다. 물론 그것이 세례 후보자들만을 위한 것이라는 생각을 벗어나 모든 그리스도인들의 영적 준비기간으로 발전되면서 지키는 의식들도 다양해졌다. 금식기도는 생략할 수 없는 의식이었다. 물론 금식은 완전한 금식보다는 부분적인 금식, 예를 들면 며칠간의 기간을 정하고 금식하거나 매일 어느 한 끼나 두 끼를 금식하기도 했다. 날고기나 육류를 금하기도 했다. 그것은 또한 회개의 기도를 행하는 기간이기도 했다. 교회적으로 행하는 일도 있었지만 개인적으로 자신의 영적훈련을 위해 필요한 의식들을 지키기도 했다.

사순절은 성회수요일Ash Wednesday에 시작된다. 그것은 로마 가톨릭교회에서 미리 복을 빌어놓은 재灰를 예배자들의 이마에 발라주던 전통에서 유래된 날이다. 7세기와 8세기에도 이런 관습이 행해졌다고 한다. 그것은 구약에서 회개와 애통의 표로 재를 쓰던 데서 유래된 관습이었다. 그리고 그 재는 일반적으로 그 전 해 종려주일에 종려나무야자수 잎을 태운 재를 사용한 것으로 알려져 있다.

수난주간 중에 발전한 다른 하나의 전통 세족목요일
성금요일은 금식과 금욕, 그리고 참회의 날

사순절은 고난주간the Holy Week에서 그 정점에 이르고 또 끝이 난다. 고난주간은 부활절 전 주간으로 종려주일Palm Sunday로부터 그 토요일the Holy Saturday에 끝난다. 그 주간은 주님께서 지상에서의 마지막 주간에 당하신 수난을 묵상하면서 기도회를 가지고 금식을 행하는 것이 일반적인 일이었다. 4세기에 시작된 전통으로 알려져 있고 중세 교회를 거치면서 여러 가지 복합적인 전통들이 가미 발전되었다. 종려주일의 기원은 4세기 후반 예루살렘에서 예수님의 예루살렘 입성을 기념하면서 성도들이 날이 밝기 전에 감람산 정상으로 올라가서 거기서부터 예루살렘 성 안으로 행진해 들어오던 것에서 기원한 것으로 알려져 있다. 사람들은 종려나무 가지나 감람나무 가지를 꺾어들고 행진했고 아이들까지도 그 행렬에 동반하여 걸었다고 한다. 세월이 흐르면서 그런 관습은 확산되어갔다. 5세기에는 스페인으로 7세기에는 북부 이탈리아와 프랑스 남부로, 8세기에는 영국까지 확산되었고, 12세기에는 로마에서도 공식적으로 인정하게 되어 교회가 공식행사를 행하는 데까지 발전했다.

수난주간 중에 발전한 다른 하나의 전통은 세족洗足목요일the Maundy Thursday이다. 예수께서 최후의 만찬을 그의 제자들과 함께 나누신 자리에서 친히 제자들의 발을 씻어주시고 그들도 서로 발을 씻어주는 것이 옳다고 하신 말씀요 13: 4-15에 연유된 전통이다. 역시 오래된 전통으로 종려주일과 함께 예루살렘 교회에서 시작되어 확산되었다고 한다. 초기에는 오히려 단순히 발을 씻어주는 의식보다는 복합적인 의식들이 행해졌지만 후일에는 단순히 발을 씻어주는 의식으로 단순화된 전통이라 할 수 있다. 지금은 사라지고 없는 전통 중의 하나는 참회의 시간이 있고 회개한 사람들penitents을 받아들이는 공적 화해의 식이 있었다는 것은 수난주간에 꼭 있었으면 하는 아쉬운 전통이다. 여러 번의 예배의식들미사이 있었는데 그것도 너무 단순화되어 버렸다. 어쨌든 오늘까지도 내려오는 세족의식에서는 예수께서 제자들의 발을 친히 씻어주신 것

을 본받아 윗사람이 아랫사람들의 발을 씻어주는 의식이 발전되었다는 것은 그 전통이 가진 중요한 일면이라할 수 있다.

세족목요일에 이어 성금요일the Good Friday이 이어진다. 예수께서 십자가에 달려 죽으신 날을 기억하고 묵상하는 날이다. 교회역사의 초기로부터 그리스도인들은 일반적으로 일 년 중 금식을 하기에 가장 좋은 시기는 주님의 죽으심과 부활을 깊이 성찰하기에 가장 좋은 때, 곧 사순절 그것도 수난주간이 더욱 좋고 그 가운데서도 그가 십자가에 달려죽으신 날이 더더욱

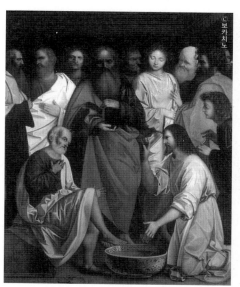

ⓒ보카치노

세족식의 원형, 2천 년 전에 사도의 발을 씻긴 예수의 교훈은 섬김이다.

좋으리라고 생각하게 되었다. 그래서 4세기 후반에 와서부터 이런 금식의 흐름이 성금요일이라는 전통의 뿌리로 자리 잡게 되었다. 역시 이런 전통도 예루살렘에서 먼저 시작되었다는 것이 보통이다. 그 날은 금식과 금욕, 그리고 참회의 날이었다. 이 날에는 예배에서 꽃과 다른 모든 장식을 치우고 촛불이나 등불도 최소로 줄임으로써 조명을 어둡게 하는 전통도 생겼다. 교회에 따라서 세족목요일과 성금요일에 성찬식을 행하기도 했다. 영어로는 그 날을 Good Friday동방교회에서는 Great Friday라고 하는데 가장 슬픔에 잠겨 있어야 하는 날

과는 어울리지 않아 보이기도 하지만 그 날의 일로 이루어진 결과를 생각하고 붙여진 이름이라니 충분히 이해할 수 있는 말이다.

11
교회사에서의 부활과 십자가

전통
부활절 전통에는 유대인들의 유월절 전통과 이민족들의 축제 전통이 함께 어울려 있다. 두 가지 전통 모두가 사람들이 자신의 가장 좋은 옷을 입고 그 축제에 참여한 것은 자연스러운 흐름이었으니 부활절이 축제처럼 지켜지는 전통이라면 자신의 가장 좋은 옷을 입고 참여하는 것은 당연한 일이었다.

　　부활이 없었다면 그의 수난과 죽으심은 죽어간 다른 모든 사람들의 죽음과 다른 것이 없었을 것이다. 예수가 부활 승천한 후 그의 형제들과 어머니, 그의 제자들과 그를 따르던 여인들이 중심이 된 120명의 사람들이 함께 모여 기도에 전념했다. 베드로의 제안으로 가룟 유다의 자리를 맛디아가 대신하여 십자가와 부활을 증언하는 사역자^{제자}의 대열에 들어오게 했다. 그들이 기도에 전념하는 동안에 오순절이 되었고, 그들 모두는 성령충만을 체험하였다. 예수께서 약속하셨던 성령께서 그들에게 임하신 것이었다. 그들은 방언의 은사를 받아 자기들이 배운 적이 없는 다른 언어들로 복음을 전하고 있었다. 방언만이 아니라 다른 은사들을 받은 사람들도 있어서 병을 고치기도 하고 이적 기사를 행하기도 했다. 그들 모두는 예수의 부활에 대한 증인들이 되었다. 바로 부활이 복음 메시지의 중심을 이루었고 부활한 예수를 만난 체험은 그를 따르던 사람들을 변화시켜 복음의 증언자들이 되게 하였다.

그리스도의 부활이라는 역사적 사실은 그리스도인들이 믿음으로 받아들여야만 할 일이다. 학자들은 그 사실을 역사적 과학적으로 증명해보려고 많은 시도와 설명을 해왔지만 그런 방법들로는 대체로 부정적인 결론에 도달하는 것이 보통이었다. 기독교 신앙 자체가 과학적인 문제가 아니라 신앙의 문제이며 신앙의 대상이다. 물론 그리스도인들도 이성을 가진 사람들이므로 합리적인 설명과 이해가 필요하다. 그러나 그 이성적 활동이나 사고는 신앙을 전제로 하는 것이다. 쉽게 말해서 신앙으로 받아들인 역사적 사실을 합리적으로 설명할 수 있어야 한다. 그러나 그것은 신앙을 전제로 하는 합리적 설명이지 합리적으로 설명할 수 있기 때문에 그 결과로 믿는 것이 아니다. 부활한 예수 그리스도가 도마에게 전했던 말씀, "너는 나를 본 고로 믿느냐? 보지 못하고 믿는 자들은 복되도다"요 20: 29라는 말씀을 상기해야할 대목이다.

ⓒ앙리&앙투앙 시벨

오순절 성령 강림

예수가 부활 승천한 후 그의 형제들과 어머니, 그의 제자들과 그를 따르던 여인들이 중심이 된 120명의 사람들이 함께 모여 기도에 전념했다. 베드로의 제안으로 가룟 유다의 자리를 맞디아가 대신하여 십자가와 부활을 증언하는 사역자의 대열에 들어오게 했다. 그들이 기도에 전념하는 동안에 오순절이 되었고, 그들 모두는 성령충만을 체험하였다.

부활 없다면, 모든 그리스도인은 가짜 뉴스 양산자들
그리스도의 부활, 모든 성도가 마지막 날에 부활하게 될 것 보장

바울의 고백처럼 예수의 부활이 없었다면 그리스도인들은 모든 사람들 가운데서 가장 불쌍한 사람들이 되고 만다.^{고전 15: 19} 그리스도의 부활이 없었다면 우리가 전하는 복음이나 우리의 믿음은 헛된 것에 불과하고, 우리는 헛된 것을 전하는 거짓 증인 곧 거짓말쟁이가 되기 때문이다.^{고전 15: 14-18} 결국 그리스도의 부활이 없었으면 교회도 기독교도 이 세상에 존재하지 못했을 것이다. 그리고 그리스도의 부활은 부활의 첫 열매로서^{고전 15: 20} 우리 모든 성도들이 마지막 날에 부활하게 될 것을 보장해준다. 우리는 예수께서 부활하셨다는 역사적 사실을 믿을 뿐만 아니라 우리도 이 세상에서 육신은 죽어 없어지지만 주님께서 다시 오시는 그 날에 부활하여 그를 맞이하게 되리라는 것도 믿는 부활에 대한 믿음과 소망을 가지고 사는 것이다. 그런 신앙은 바로 우리에게 구원을 보장해주는 것이기도 하다.

교회역사에서 보는 부활절 전통

부활절은 예수 그리스도의 부활을 기억하고 경축^{慶祝}하는 절기로 기독교 역사에서 가장 오랜 전통을 가진 절기이다. 예수께서 부활하신 날이 안식일^{토요일} 다음 날이었고 부활하신 그가 그 날과 그 다음 안식일 다음날에^{요 20: 19, 26} 제자들에게 나타나셨다. 제자들과 초기의 그리스도인들은 거의 유대인들이었다. 그래서 그들은 안식일을 지켰다. 그러면서도 그들은 안식일 다음 날, 곧 주님께서 부활하신 날에도 모였다.^{행 20: 7; 고전 16: 1-2} 더욱이 복음이 이방인들에게까지 확산되면서 안식일 준수는 점차 의미를 잃게 되고 오히려 안식일 다음 날^{주님의 부활을 기억하고 모여 예배하는 날}에 모이고 예배하는 것이 자연스럽게 되고 그 날은 결국 주님의 날^{계 1: 10; the Lord's day: 主日}로 자리 잡게 된다. 유대인들의 안식일 예배가 기독교의 주일 예배로 바뀌게 된 것이었다. 매년 돌아오는 부활절을 지키기 이전에 주님의 부활을 기리면서 매주 모인 날 곧 주일이 먼저 지켜지게 된 것이었다. 교회와 기독교는 주님의 부활을 기초로 시작되었으므로 그의 부활을 기억하고 기리는 날을 처음부터 지켰다는 말이다.

> **{ 부활의 증인들이 살아있는 동안 자연스럽게 예루살렘에서**
> **예수가 십자가에 달려 죽으시고 부활하신 날을 기억하면서**
> **예배하고 감사를 드렸을 것 }**

유대인들에게 있어서 매주 지키는 안식일만큼이나 중요했던 연중 가장 큰 절기는 유월절^{니산월 14일}이었다. 초기의 그리스도인들은 그런 유대인들의 절기를 대체할 절기를 의식적으로 만들어내려고 했을 수 있다. 유월절은 애굽의 압제생활에서 이스라엘 사람들이 해방되어 나오던 날을 기리고 기념하면서, 맏아들을 모두 죽이는 재앙이 닥쳐왔을 때 양을 잡아 그 피를 문 인방과 설주에 바름으로써 그 재앙에서 벗어났던 일을 기억하는 날이었다. 하나님께서 구원해주신 구원의 날이요 해방의 날이었던 것이다. 이제 그리스도인들은 예수 그리스도께서 죄와 사망의 굴레에서 인간을 구원해주신 일, 곧 그가 죄와 사망의 권세를 이기시고 승리하신 일을 경축하는 날이 바로 초기의 그리스도인들이 유대인들의 유월절을 대치하는 날이었고 그것이 바로 주일과 부활절의 기원이 되는 것이다. 처음 교회가 시작될 때부터 그리스도의 부활을 기리는 일도 시작되었다고 할 수 있다. 부활의 증인들이 살아있는 동안 그들은 자연스럽게 예루살렘에서 예수가 십자가에 달려 죽으시고 부활하신 날을 기억하면서 예배하고 감사를 드렸을 것이기 때문이다. 그러나 그 예배의식이 어떠했는지에 대한 기록은 전혀 남아있지 않다. 그리고 바로 이어지는 기독교의 박해시대를 지나면서 그런 의식은 숨어서 행해질 수밖에 없었고, 통일성을 유지할 수도 없었다. 자유롭게 예배할 수 없었던 그들의 주된 관심사는 어떻게 그리스도를 본받아 살아갈 것인가에 있었다고도 할 수 있다. 그들에게 있어서 그리스도의 죽으심과 부활은 날마다 그리고 예배 때마다 되새겨야 할 일이었다.

따라서 복음이 좀 더 널리 퍼져나가고 신자들이 중요한 일들이 있었던 특별한 날들을 기념하려는 의식이 커갈 때, 그 날이 언제인지에 대해서도 통일성을 찾을 수 없었다. 더군다나 유대력은 음력이었고 로마력은 양력이었으므로 유대 문화와 희랍로마 문화가 혼재하던 초기 기독교사회에서는 혼란이 가중되는 것이 당연한 귀결이었다. 동방교회 쪽에서는 춘분을 기준으로 부활의 날을 가름해야 한다는 움직임이 강했고 다른 곳에서는 유대력에 따라 유월절을 기준으로 삼아야 한다고 보았기 때문이었다. 결국 A.D. 325년에 있었던 니케아 회의에서 그 날에 관한 논쟁에 마침표를 찍었다. 그 날은 유대인들의 유월절^{니산월 14일:음력}과 봄기운이 완연한 때를 의미하는 춘분을 조화시켜 춘분을 지나고 음력으로 만월^{15일}이 지난 후 첫 주일을 부활절로 지켜야 한다는 것이었다. 그러므로 부활절은 3월 22일부터 4월 25일 사이에 있는 어느 주일에 지키게 되었다.

부활절이라는 말도 후대에 만들어진 말이다. 그렇게 그리스도의 부활을 강조했던 바울조차도 부활절에 관한 언급은 전혀 하지 않았다. 부활절^{Easter}이라는 말은 후대의 선교현장에서 만들어진 것으로 알려져 있다. 기독교가 지중해 연안을 벗어나 북유럽에까지 확장되어 갈 때 선교사들은 혹독한 겨울을 지내고 만물이 생동하는 봄을 맞아 봄의 여신^{Eostre}을 기리는 축제를 즐기는 튜톤족^{Teuton: 중 북부 유럽의 게르만족}들의 문화와 기독교의 부활절을 결부시켜 교회에서는 봄의 여신을 기리는 축제 대신 부활절^{Easter} 축제를 경축하게 된 것이 그 말의 기원이라는 것이다.

부활절은 승리를 기쁨으로 경축하는 날이므로 분위기부터 밝게 하고 치웠던 꽃과 장식들도 다시 강단을 장식했다. 꽃은 백합과 같은 활짝 핀 흰 꽃을 사용하였다. 구주의 순결을 상징하는 것이었다. 흰 꽃다발 가운데 붉은 꽃 한 송이를 꽂아 그가 흘린 피를 상징하기도 했다. 언제 어디에서부터 연유되었다고 잘라 말할 수는 없어도 부활절 아침에 교회에 갈 때에는 자신의 옷 가운데 가장 좋은 옷을 차려입고 가는 전통도 생겨났다. 그러나 그런 전통이 상인들이나 의류 사업가들에게서 시작되었기보다는 소박한 평민들이 자신의 가장 말쑥한 옷을 찾아 입었던 데서 연유하였으리라고 유추해볼 수는 있다.

부활절 전통에는 유대인들의 유월절 전통과 이민족들의 축제 전통이 함께 어울렸음을 앞에서 살핀 바 있다. 두 가지 전통 모두가 사람들이 자신의 가장 좋은 옷을 입고 그 축제에 참여한 것은 자연스러운 흐름이었으니 부활절이 축제처럼 지켜지는 전통이라면 자신의 가장 좋은 옷을 입고 참여하는 것은 당연한 일이었다. 특히 중세에는 옷이 바로 신분을 대변하는 것이었으므로 부활절뿐만 아니라 외출 가운데 가장 중요한 외출로 여겨졌던 주일에 교회에 갈 때 입는 옷은 그만큼 중요한 것이었다.

부활절 축제 한동안 상업적 특성 띠는 부작용도 낳아
부활절 모자 쓰기, 거리 행진 등의 전통은 사라져

성직자들이 입는 예복robe도 비슷한 맥락에서 이해할 수 있다. 물론 그 기원을 아론이 입었던 제사장복에까지 거슬러 생각할 수도 있지만 역사적으로는 세속 왕 앞에 나갈 때도 관복이라는 예복을 입는 것은 동서양을 막론하고 지켜져 온 전통이었다. 하물며 왕 중의 왕이신 주님 앞에 나갈 때 예복을 갖추어 입는 것은 당연한 일이었다. <u>언제부터인지를 밝힐 수는 없어도 먼저 부활절에 입던 예복을 주일 예배에서도 입는 것이 전통이 되었다. 한국교회에서는 그 예복을 가운gown이라고 부르는 것이 일반화되었다.</u> 성직자와 평신도를 막론하고 부활절에는 물론 주일 예배에 나갈 때도 자기 옷 가운데 좋은 옷을 입는 전통은 이렇게 세워졌다. 그러나 청교도들과 보수적인 개신교도들은 예배당 장식부터 의생활에 이르기까지 화려한 것을 배제해 왔으므로 예배 참여를 위한 의복도 화려한 것은 수 백 년 동안 배제해 왔다. 더군다나 우리 문화는 예의범절을 강조하는 문화이므로 예배의상을 화려하지 않으면서 격에

성직자들이 입는 예복은 역사적으로는 세속 왕 앞에 나갈 때도 관복이라는 예복을 입는 것이 동서양을 막론하고 지켜져 온 전통이었다. 하물며 왕 중 왕인 주님 앞에 나갈 때 예복을 갖추어 입는 것은 당연한 일이었다.

맞는 의상을 잘 갖추어 입는 것은 중요하게 여겨져 왔다.

그러나 <u>18세기 중반을 자나면서 부활절 축제는 다시 활기를 띠게 되었다.</u> <u>그래서 장식이나 가장 좋은 의상을 차려입는 전통도 부활되었다.</u> 지금은 잊혀진 전통으로 의복뿐만 아니라 부활절 모자를 쓰는 전통도 살아났다. 남자 성인들은 물론 여자들과 아이들까지 부활절 모자를 썼다는 것이다. 사서 쓰기도 했지만 스스로 만들어 쓰기도 했다. 창은 넓고 리본이나 꽃 등으로 장식을 다는 것이 보통이었다. 이런 흐름은 부활절 축제가 한동안 상업적 특성을 띠게 되는 부작용도 낳았다. 그리고 사라진 다른 하나의 전통은 부활절 낮 예배가 끝난 뒤 그 도시의 중심이 되는 길을 함께 행진하는 것이었다. 시내 각 교회의 성도들이 함께 모여 그들이 입은 아름다운 옷을 뽐내면서 거리를 함께 행진하는 것이었다.

12
오늘 날 교회에서의 **수난**과 **부활**

신학적으로나 교회사적으로 중요한 절기, 부활절
성탄절이 인간의 구원을 위해 성자 하나님이 인간의 몸을 입고 이 땅 위에 오신 일을 기념하는 절기라면, 수난절과 부활절은 그 구원을 성취해주신 일을 기억하고 기념하는 절기이다. 그것은 신학적으로 속죄론의 기본이 되는 것이고 교회역사에서도 그만큼 중요한 전통으로 지켜져 왔다.

오늘의 교회에서도 수난과 부활은 매우 중요한 의미를 지닌다. 기독교가 인간의 구원을 가져다주는 도구로 하나님께 쓰임 받고 있다고 할 때, 그 인류 구원이라는 위대한 역사가 이루어진 것을 기억하고 기념하는 가장 중요한 사건은 바로 예수 그리스도가 십자가를 지고 죽는 수난과, 사흘 만에 그가 다시 산 부활이라고 할 수 있기 때문이다. 그래서 교회력에서는 수난과 부활이 가장 소중하게 다루어지고 있다. 성탄절이 인간의 구원을 위해 성자 하나님께서 인간의 몸을 입고 이 땅 위에 오신 일을 기념하는 절기라면, 수난절과 부활절은 그 구원을 성취해주신 일을 기억하고 기념하는 절기인 것이다. 그것은 신학적으로 속죄론의 기본이 되는 것이고 교회역사에서도 그만큼 중요한 전통으로 지켜져 왔던 것이다.

한국교회는 부활절과 더불어 잊을 수 없는 역사를 가지고 있다. 최초의 개신교 선교사로 장로교회의 언더우드^{Horace Grant Underwood}와 감리교회의 아펜셀러 Henry Gerhart Appenzeller 부부가 제물포 항에 첫발을 내디딘 것이 1885년 4월 5일 부활주일이었기 때문이다. 최초의 교회가 주님의 부활과 더불어 시작되었다고 하면 한국교회도 부활주일에 시작되었다고 할 수 있는 것이다. 그 이후로 한국교회는 나름대로 교회력을 따라 예배를 드리고, 때에 맞게 절기들을 지켜왔다. 그 절기들 가운데서 성탄절과 부활절은 역시 가장 중요한 절기로 지켰다. 그러나 실제적으로 십자가는 강조되었으면서도 수난의 절기를 중요하게 지키게 된 것은 좀 더 시일이 흐른 뒤부터였다고 할 수 있다. 종려주일과 고난주간은 그런대로 일찍부터 지켜졌지만 사순절을 강조하고 지키는 데는 훨씬 많은 시간이 걸린 것이다. 상대적으로 교회역사가 그리 길지 않았으므로 서구교회가 이어받아온 전통을 받아들여 한국교회의 전통으로 승화시키는 데는 더 많은 시간과 연구, 그리고 실천을 통한 노력들이 요구될 것이다.

우리는 나름대로 고난주간을 금식과 기도의 기간으로 삼아 지켜왔고, 부활주일은 촛불을 손에 들고 드리는 부활절 새벽예배를 행해왔으며 상당기간 동안 부활주일 새벽예배를 지역별로 그리고 교파를 초월해서 연합예배로 드리는 전통도 만들어왔다. 지금은 그런 연합예배의 열기가 상당히 식어가고 있지만 다시 그 불길을 일으키는 운동도 필요하다고 할 수 있다. 절기 헌금들을 구제비나 선교비로 쓰는 전통도 그대로 지켜야 할 전통이 될 것이다.

부활절에는 부활절 달걀을 나누는 전통이 현재 한국교회에서 가장 널리 행해지는 일이라 할 수 있다. 부활주일이라고 하면 예쁜 칠을 한 달걀들을 받아

부활절 달걀
달걀을 주는 것이 상대방의 영혼에 새로운 삶을 주는 것을 상징하는 것이라 믿었던 이교적 문화가, 기독교의 확산과 봄에 맞게 되는 부활절에 자연스럽게 접목되면서 부활절 전통의 하나로 자리잡게 되었다.

들고 좋아하는 아이들의 모습을 쉽게 떠올릴 수 있다. 그 기원은 고대 문명사회에서 세계가 하나의 알로 시작되었다the world began as an egg고 믿었던 흐름에서 찾아볼 수 있다. 특히 고대 애굽문명에서 알을 많은 생물들에게 생명을 주는 것으로 이해하였다는 흔적들을 사람들은 찾아냈다. 그리고 그 알들은 집에서 기르는 닭이 낳은 달걀이 그 자리를 차지하게 되었다. 만물이 소생하는 봄에 달걀을 주는 것은 새 생명과 새로운 소망을 전해주는 것을 나타내는 것으로 인식했던 것이다. 따라서 그런 문화적 전통 속에서 살아온 사람에게는 달걀을 주는 것은 그들의 영혼에 새로운 삶을 주는 것을 상징하는 것이었다. 그리고 기독교가 확산되면서 봄에 맞게 되는 부활절에 그런 이교적 문화가 자연스럽게 접목되면서 그것이 부활절 전통의 하나로 자리잡게 된 것이었다. 오늘의 한국교회도 그런 부활절 달걀 문화를 발전시키고 있다. 덧붙여서 붉은 색은 보혈, 초록은 생명, 노랑은 구원의 의미를 부여해보는 것도 재미있는 달걀문화의 하나가 되었다. 어린이들의 경우 달걀들을 찾기 쉬운 여러 곳에 숨기고 보물찾기의 형식으로 찾아와서 서로 나누는 재미도 누린다. 부활절 행사를 의미있으면서도 흥미롭게 할 수 있도록 연구하고 실천함으로 한국교회의 부활절 문화 전통을 만들어가자는 취지일 것이다.

기독교는 삼위일체 하나님을 믿는 종교이다. 하나님 아버지와 예수 그리스도, 그리고 성령 하나님을 믿는다. 예수 그리스도를 믿는다는 것은 2000년 전 갈릴리 나사렛에서 나서 이스라엘 땅 전역에서 복음을 전하고 가르치다가 십자가에 달려 죽은 예수, 그가 우리를 죄와 저주로부터 구원하는 그리스도임나사렛 예수 = 그리스도을 믿는 것이다. 그가 구원을 이루는 길은 그가 인류를 위해 고난을 받고 죽었다가 다시 살아남수난과 부활을 통하는 길이었다. 그러므로 그리스도인들로서 우리는 그의 수난과 부활을 바로 이해하고 거기에 걸 맞는 삶을 살아야 한다.

이 작은 책을 통해 그의 수난과 부활을 바로 이해해 보려고 노력했다. 그리고 교회 역사에서는 그것을 어떻게 이해하고 또 그 절기를 지켜왔는지도 살펴보았다. 남겨진 과제는 그런 이해를 한 우리가 실제 삶에서 그것을 어떻게 생활화하는가다. 다시 말해서 인류를 위해 고난을 당하고 십자가에 달려만 사흘 만에 부활한 그 예수 그리스도를 삶에서 자신의 주와 구주the Lord and the Savior로 바로 삼고 살아야만 하는 것이다. 그는 과거에 인류의 구원을 위한 사역을 완성한 주님이실 뿐만 아니라 오늘도 살아 인류와 세상 끝 날까지 함께하는 주님이시다.

그리스도인은 자기에게 주어진 자기 십자가를 지고 제자로서의 길을 가야한다. 하나님께서 모든 그리스도인들에게 각기 맡기신 사명의 길, 때로는 힘들고 고난의 길이라고 할 수 있는 길을 걸어야 한다. 그 길은 결코 똑같은 길이 아니다. 각자에게 주어진 길이다. 여기에서 그리스도인은 자기에게 주어지는 십자가와 가시를 구별해야 한다. 십자가란 복음과 주님, 교회 때문에, 그리고 그런 것을 위해서 당하는 어려움이다. 그러나 가시는 하나님께서 자기 자녀들을 훈련시키기 위해 주시는 어려움이다. 때로는 사람, 특히 가족이나 친구가 그 가시 역할을 하기도 하고 병고病苦나 재정, 사업 등 환경이나 상황이 그 역할을 하기도 한다.

바른 신앙생활은 주님의 수난십자가과 부활을 중심으로 이루어질 수 있다고 할 수 있다.

참고서적

Barclay, William. *We Have Seen the Lord - The Passion and Resurrection of Jesus Christ.* Louisville, Ky.: Westminster John Knox Press. 1998.

Blackaby, Henry & Melvin. *Experiencing the Resurrection.* Colorado Springs, CO.: Multnomah Books. 2008.

Brown, Raymond E. *The Death of the Messiah.* Vols. I. & II. New Haven: Yale University Press. 2010.

Crowder, Bill. *Windows on Easter.* Grand Rapids: Discovery House. 2010.

Guthrie, Nancy. (ed.) *Jesus, Keep Me Near the Cross.* Wheaton, Ill.: Crossway Books. 2009.

Lucado, Max. *Six Hours One Friday.* Nashville, Tenn.: Thomas Nelson. 2004.

Luedemann, Gerd. Trans. by John Bowden. *The Resurrection of Jesus.* Minneapolis, MN.: Fortress Press. 1994.

McKenna, Megan. *The New Stations of the Cross.* New York: Image Books. 2003.

Murphy, Kathleen M. *The Woman of the Passion.* Liguori, Mo.: Liguori Publications. 2007.

Peterson, Eugene H. *Living the Resurrection.* Colorado Springs, CO.: NavPress. 2006.

Strobel, Lee. *The Case for Easter.* Grand Rapids, Mich.: Zondervan. 2003.

Water, Mark. *Understanding the Passion of Jesus made Easy.* Peabody, Mass.: Hendrickson Publishers. 2004.

Water, Mark. *Understanding the Resurrection of Jesus Made Easy.* Peabody, Mass.: Hendrickson Publishers. 2005.